일에 지친 삶을 변화시키는

휴식의
기술

일에 지친 삶을 변화시키는

휴식의 기술

로버트 K. 존스턴 · J. 워커 스미스 공저 | 윤미연 옮김

황금비늘

내가 한 것은 모두 놀이였다.
만약 일이었다면 하지 않았을 것이다.

- 마크 트웨인

감사의 글

여든 일곱의 나이에도 여전히 기술자문이라는 천직을 충실히 수행하면서 성공적이고 균형 잡힌 인생을 살고 있는 내 아버지 로이 존스턴에게.

노동과 놀이, 명예와 봉사, 가족과 친구, 그 모든 것을 함께 하는 인생의 본보기를 보여주신 아버지께 감사드린다.

로버트 K. 존스턴

누구보다 먼저 내 아내 조이에게 감사한다. 오랜 세월 동안 언제나 변함없이 내 곁에서 함께 하며 나의 삶을 풍요롭게 만들어 주었다. 그리고 그랜드 캐년(Grand Canyon) 도리스에서 일하는 사람들, 그 중에서도 특히 로저, 샨, 캐롤, 그리고 누구보다도 브론코에게 감사한다. 강에서 일하며 살아가는 그는 삶의 기쁨 중에서도 가장 숭고하며 장엄한 기쁨인 '자연'이라는 보물을 발견하게 해주었으며, 나에게 매우 특별한 의미를 가지는 그 장소에서 늘 나와 함께 있어 주었다.

J. 워커 스미스

차 례

Contents

Contents

프롤로그

로버트의 말

"드라마틱하고 극단적인 인생을 책으로 만든다면 베스트셀러가 될 수는 있다. 하지만 정작 그 인생의 주인공은 불행한 경우가 많다." 지금 한 마디 한 마디를 정확하게 기억해낼 수는 없지만, 이 말은 내가 10대였을 때 아버지가 해주신 말이다. 그 시절 나는 데이트를 하느라 어느 날인가는 새벽까지 집에 들어가지 않았다. 그러나 부모님은 내 행동에 대해 꾸중하지 않으셨다. 단지 삶을 살아가는 데 있어 균형을 유지하는 것은 대단히 중요한 일이라고만 충고하셨을 뿐이었다. 그 때 나는 귀가시간이 새벽 2시 정도라면 충분히 균형잡힌 생활을 하고 있는 거라고 생각했던 것일까? 아니, 그 당시 나는 젊은 혈기에 가득 차 있던 내 생활에 균형이 필요하다는 것을 전혀 납득하지 못했다! 뿐만 아니라 그런 상식적인 지혜는 전적으로 무시했다. 그저 나는 이런 저런 변화의 리듬이 있는 인생이야말로 균형을 이룬 단조로운 인생보다 더 훌륭하다고 생각했다. 하지만 데이트가 있던 날 새벽까지 잠을 자지 않은 결과는 그 이튿날 당장 나타났다. 하루가 엉망이 되었기 때문이다. 학교 수업도 축구도 여느 때처럼 해내지 못했다. 몸은 불편하고 기운은 하나도 없었다. 바로 이것이 내가 이 책을 쓰게 된 동기다.

대학원 시절 나는 내가 선택한 박사논문의 주제(놀이와 신학의 관련성)로 신앙이 인간의 삶에 어떤 영향을 미치는지 숙고해볼 수 있었다. 그리고 내 개인적인 삶에서도 어느 정도 균형을 이룰 수 있었다.

대부분의 사람들은 열심히 일하는 방법에 대해서는 잘 알고 있다. 하지만 노는 방법에 대해서는 부족한 부분이 많다. 이와 유사하게 대부분의 대학원생들은 하루를 거의 공부에 바치지만 그들 중 일부는 도서관 밖의 인생과는 거의 담을 쌓고 지내는 경우가 아주 많다. 그러나 나는 내가 선택한 논문 주제 덕분에, 기숙사 잔디밭에 나와 따뜻한 햇살을 즐기며 수많은 소설들을 읽었다. 그리고 독서를 하면서는 문득 3달 간의 여름방학 동안 이스라엘의 고대유적 발굴 현장에 가보고 싶다는 생각을 했다. 신앙인들이 왜 일과 놀이를 병행해야 하는지, 그 이유를 고찰해보기 위해서였다. 그리고 아이러니하게도 그 휴기를 통해 나의 연구는 진일보했다.

1970년, 내가 박사학위를 취득할 당시 사회 경향에 관한 조사 결과들은 지난 100년 이래로 주당 평균 노동시간이 계속해서 감소하고 있다는 사실을 알려주었다. 이는 점점 늘어나는 여가시간으로 인해 많은 미국인들이 큰 문제에 부딪치게 될 것이라는 결과를 말해 주는 것이었다. 따라서 나는 이른 나이에 명예퇴직을 당한 사람이나 주 4일 근무를 하게 될 사람, 인력 대신 테크놀로지 자동 시스템의 사용이 점점 증가함에 따라 갑자기 주체할 수 없을 만큼 많은 여가시간을 갖게 될 사람들에게 내 논문이 큰 도움으로 작용할 거라고 믿었다. 하지만 내 예상은 빗나갔다.

1980년대에 접어들면서 1970년대와는 달라진 사람들의 생각으로 상황 역시 완전히 달라지기 시작했다. 주당 평균 노동시간 역시 상승 곡선을 그리기 시작했다. 그리고 이 현상은 이후 20년이 넘는 지금까지 꾸준히 지속되어 오고 있다. 현재 우리들은 1주일에 평균 47시간 이상을 일한다. 게다가 우리는 인생의 많은 즐거움에 등을 돌린 채 언제나 빡빡한 일정에 쫓기고, 업무 외의 시간까지 할애하면서 일에 몰두한다. 또 인력절감을 목적으로 개발된 테크놀로지 자동 시스템은 사실상 우리에게 더 많은 여가시간을 가져다주지 않았다. 물론 기본적인 여가시간은 주어졌지만 많은 사람들에게 있어 가장 필요한 여가시간은 자녀나 친구들과 함께 보내는 시간이다. 그리고 어떤 이들의 경우에는 잠자는 시간이 그것이다. 현대인들은 자신의 삶에 적절한 리듬이나 균형이 결여되어 있다는 것을 체감하고는 있지만, 자신의 기대치와 의무감에 사로잡혀 헤어나지는 못하고 있다.

나 역시 대부분의 사람들과 마찬가지로 일에 쫓겨 허둥거리며 살아왔다. 그리고 내가 가르치는 학문들에는 읽어야 할 책과 새로 익혀야 할 사상들이 너무 많아서, 항상 독창성을 유지하며 남들보다 앞서 나가기가 쉽지 않다. 때문에 만약 내가 교수로서 가르치는 일에만 충실하게 전념하려 한다면, 개인적으로 글을 쓰거나 연구할 시간은 거의 없을 것이다.

나는 일에 중독되어있는 내 자신을 완전히 새롭게 하기 위해, 시간을 되돌려 구약성경의 「전도서」에 나오는 현명한 충고를 되새겼다. "너는 가서 기쁨으로 네 빵을 먹고 즐거운 마음으로 네 포도주를 마실지어다. 이는 하나님이 너희 하는 일을 벌써 기쁘게 받으셨음이니라(「전도서 9장 7절」)." 10대 시절, 나는 이 짧은 문장에 심취했었다. 그리고 이 구절은 지금까지도 내가 가장 좋아하는 성경 구절이 되었다. 내가 최초로 책으로 출간한 논문의 제목 역시 「어느 일 중독자의 고백」이었다. 이 논문은 '생활을 빼앗기면서 일만 하는 삶을 통해서는 삶의 의미를 찾을 수 없다. 삶의 의미를 찾기 위해서는 인생이란 덧없는 것임을 인정하고 하나님의 은혜를 받아들여야만 한다.'고 주장하는 바로 그 성경 구절의 지혜를 다룬 것이었다.

인생에 있어 균형을 찾기 위해 나는, 보다 넓은 의미의 내 삶에 노동이 침입하지 못하도록 시도했다. 그래서 나는 가족과 함께 항상 긴 휴가를 가졌고, 그 시간들을 '일하는' 휴가로 만들지 않기 위해 노력했다. 그리고 내 아이들이 좀더 어렸을 때는 아이들이 잠자리에 들기 전까지 절대로 집에서 일을 하지 않는다는 철칙을 세웠다. 물론 이 외에도 나는 계속해서 규칙들을 만들어 나갔다. 이 규칙들 중 어떤 것은 남이 보기엔 완전히 독선적인 행동으로 보일 수 있는 것도 있었다. 가령, 나는 내게로 온 전자메일을 대체로 읽어보긴 하지만, 그 메일들에 꼬박꼬박 답장쓰기는 거부한다. 그리고 우리 집에는 케이블 TV가 없다. 나는 개봉관과 비디오를 통해 이미 너무 많은 영화를 보았기 때문이다(참고로, 나는 대학에서 신학과 영화를 가르치고 있다). 내게는 휴대폰조차 없다. 나의 이런 선택들은 전자메일이나 케이블 TV, 휴대폰의 유무익성과는 아무런 상관이 없다. 단지 이 선택들은 내 삶에 있어서의 조화, 즉 일과 놀이, 활동과 휴식, 가족과 노동 간의 균형을 유지하려는 노력과 관계된 것일 뿐이다.

오늘날 어떤 이들은 우리가 일에 중독되어 있다고 주장한다. 그리고 일중독은 다른 중독들과 마찬가지로 우리를 계속 유혹에 빠뜨린다. 일중독에 빠진 우리들은 직장에서 하는 근무에다 퇴근 후 집에서의 컴퓨터 작업도 모자라 우리의 삶 전체를 끊임없는 비즈니스로 만든다. 그리고 결국 놀이에서조차 이러한 '비즈니스 바이러스'로부터 벗어나지 못한다. 우리들은 쉴 새 없이 무엇인가를 이행하고 생산해내지 않으면 자신의 존재 가치에 대해 의심한다. 또 우리들 대부분은 이미 이런 극단성이 왜곡된 인간들을 만들고 있다는 사실을 상식적으로 알고 있다. 하지만 우리는 아는 것을 실행에 옮기지 않고 있다. 한 가지 분명한 것은 인생은 노동이 아니라는 것이다. 그리고 노동 역시 인생이 아니다.

내가 10대였을 때 내 아버지가 들려준 충고처럼, 이 책은 우리가 지나치게 일에 몰두하고 있다는 사실을 지적하기 위해 씌어진 것이 아니다. 다만 보다 행복한 삶을 살아갈 수 있는 방법이 일 외에도 존재하고 있다는 것을 독자들에게 상기시켜 주려는 목적에서 씌어진 것이다. 건강한 삶은 균형을 이루고 있는 삶이다. 그리고 우리는 이미 이것이 진실이라는 것을 알고 있다. 하지만 누군가는 분명 이 점에 대해 다시 한 번 상기시켜 줄 필요가 있고, 나는 적어도 이 책을 통해 그 일을 하려는 것일 뿐이다.

워커의 말

나는 1970년대부터 직업전선에 뛰어들었고, 일을 하나의 소명으로 생각했다. 나는 열심히 일하고 싶었고, 두각을 나타내고 싶었으며, 내가 성취한 것에서 충족감을 얻고 싶었다. 그리고 그렇게 하고 나면 인생에서 내가 원하는 것이 무엇인지 일을 통해 깨달을 수 있을 거라고 생각했다. 때문에 1980년대와 1990년대 초에 급속히 확산되기 시작한 일중독 추세에 내가 동참하는 건 전혀 새로운 변화가 아니었다.

마케팅과 컨설팅에 관한 연구 작업에서 손을 떼고 난 이후 나는 점점 더 많은 시간을 일에 바쳤다. 그리고 급기야 내 인생은 삶 전체가 일로 가득 찬 라이프스타일 최악의 본보기가 되었다. 나는 터무니없이 과도한 업무 속에서 주당 80시간 이상을 일했고, 비행기를 타고 미국 전역을 날아다녔다. 내 삶은 새벽 5시에 시작해 자정에 끝나는 하루 일과로 끝없이 이어졌다. 내게 시간에 대한 압박과 스트레스는 가혹했다. 잠은 즐거움이 아니라 성가신 방해물이었고, 일하러 가는 도중 틈틈이 잠을 자야만 했다. 그리고 내 생활은 대부분 공항에서 이루어졌다. 나는 이때 "공항에서 팔지 않는 물건은 살 수 없어"

라는 농담을 할 정도였다. 생활필수품은 물론이고 생일이나 기념일을 위한 선물도 비즈니스 여행 도중 공항 터미널에서 구입해야 했기 때문이다.

혹독한 노동 그 자체는 내게 있어 곧 보상이 되었다. 일의 성과로 인정받는 것과 비교할 수 있는 건 아무 것도 없는 것처럼 여겨졌기 때문이다. 일의 매력은 마법의 주문처럼 나를 꼼짝 못하게 묶어 놓았을 뿐만 아니라 더욱 더 과도한 극단으로 치닫게 만들었다. 그러나 요즈음 나는 일에 대해 전혀 다른 생각을 가지고 있다. 나는 일에 몰두하는 것 못지않게, 이제는 생활에도 몰두하고 있다. 특히 일 때문에 치러야 할 희생들에 대해 엄격한 제한을 두고 있다. 이제 나는 더 이상 일 때문에 나의 건강이나 내 가족, 내 영혼을 등한시하지 않을 것이다. 물론 나는 여전히 일을 하나의 소명으로 여기고 있다. 그러나 아주 오랫동안 일 이외에는 아무 것도 없었던 인생을 살아오면서, 나는 가정에서의 생활을 등한시하며 일에서만 성공하는 것은 공허한 성취에 불과하다는 것을 개인적인 경험을 통해 깨달았다.

이제 마법의 주문에서 깨어난 나는, 일은 계시와 혜안의 황홀한 순간도 아니고 중대한 위기나 위대한 에피파니(Epiphany: 통속적이고 평범한 경험 속에서 어떤 상징 또는 정신적 의미를 인지하는 순간)도 아니며 근사한 현실도피 수단도 아니라는 것을 안다. 나는 세월과 함께 쌓인 경험들, 반성과 후회의 과정을 겪으면서 점점 일에서 벗어나게 되었다. 그리고 나는 마침내 삶과 노동의 균형을 완전하게 조정하기 위해서 내 인생의 방식을 재구축하는, 느리지만 꾸준한 전진을 시작했다. 그리고 지금도 나는 날마다 그 과정을 계속하고 있는 중이다.

삶과 노동을 조화시키려는 나의 이 같은 노력은 현대인 대부분이 직면하고 있는 문제지만 자신의 가치관이나 생활양식을 한 번에 변화시킬 수 있는 사람은 드물다. 그런 극적인 순간들은 우리가 마음대로 조절할 수 있는 성질의 것이 아니기 때문이다. 평범한 인간인 우리들 대부분이 일과 생활을 조화시키기 위해서는 지금까지 지속해오던 라이프스타일을 점차적으로 조정하고 새로운 라이프스타일이 서서히 자리 잡도록 해야 한다. 그리고 이 책은 바로 이러한 노력을 추구하려는 사람들을 위해 씌어졌다.

균형을 찾는 일에 간단한 해결책은 없다. 따라서 나는 삶의 균형을 이루기 위한 명쾌한 비결에 대해 제시하기보다 삶과 노동이 주는 기쁨과 근심에 관한 개인적인 이야기 그리고 견해에 대해 함께 나누고자 한다.

나는 이 책을 통해 여러분이 삶과 노동에 있어 현재 자신이 어떻게 해 나가고 있는지 뒤돌아볼 수 있는 몇 가지 새로운 방법을 발견할 수 있기 바란다. 또한 이 책이 씌어진 목적대로 삶과 노동의 조화가 현실과 동떨어진 꿈같은 이야기가 아니라 현실적으로 실현가능한 것이라는 확신을 여러분에게 심어 줄 수 있기 바란다. 아울러 이 책은 나로 하여금 내 자신의 삶의 방식에 대해 다시 한 번 생각해볼 수 있도록 해준 많은 경험과 생각을 전하고 있다.

삶과 노동의 균형을 위한 나의 노력 중 대부분은 내가 대학 시절부터 가지고 있던 지병, 당뇨병을 통해 행해졌다. 대학원을 졸업하고 처음으로 들어간 직장에서 나는 중역회의에서 중요한 연구 보고서를 발표하라는 지시를 받았다. 프레젠테이션이 끝나고 토론이 한참 진행되는 동안, 나는 심각한 인슐린 반응을 일으켜 의식을 잃고 말았다. 그리고 마침내 의식을 회복하고 모든 게 다시 정상으로 돌아왔을 때는 중역들 중 몇몇의 표정이 싸늘하게 굳어 있는 것을 봐야 했다. 그들은 내가 기절하는 바람에 혼쭐이 났던 것이다. 그걸 알아차린 나는 내 건강에 관해서뿐만 아니라 내가 그들에게 호감을 사지 못한 건 아닐까 하는 걱정을 하지 않을 수 없었다. 그래서 나는 그 자리에서 바로 결심했다. 당뇨병 때문에 내 건강 상태가 그다지 좋지 않고 또 그 병을 조절하는 일에 있어 결코 쉽진 않겠지만, 앞으로 또 다시 그와 같은 일이 일어나게 하지는 않겠다고 말이다.

중역회의가 있고 난 이후 오랜 세월 동안 나는 내 혈당 수치를 신중하게 유지했다. 그리고 회의가 진행되는 동안이나 비즈니스 여행을 하는 동안에는 인슐린 부작용을 일으켜 낭패 보는 일이 없도록 철저한 조치를 취해 왔다. 그러나 평균적인 내 혈당 수치는 정상인에 비해 두세 배 더 높다. 나는 당뇨가 장기적으로 다른 합병증을 불러온다는 사실을 잘 알고 있었다. 하지만 항상 성화를 해대는 주치의의 질책이 성가셔서 정기검진을 이리저리 피했었다. 그리고 인슐린 반응으로부터 완전히 면역되지 않은 상태로 당뇨병을 조절하기 위해 지켜야 하는 주의사항들을 언제나 무시한 채 일에 몰두했다. 당뇨병을 치료하기 위해서는 많은 시간과 세심한 주의가 필요하지만 인슐린 수치에 매달려 한가롭게 내 귀중한 시간과 정력을 허비하고 싶지는 않았기 때문이다.

당뇨병을 등한시하는 것을 변명하고 정당화할 구실은 전혀 부족하지 않았다. 그리고 결국 병에 대한 무관심과 태연함은 내 얼굴에서도 점점 사라져 갔다. 하지만 여러 해를 불안해하면서 보내고 난 후, 비로소 나는 내 삶에서 일을 최고 위치에 둠으로 내 자신을 어떤 지경으로 몰고 왔는지 깨닫게 되었다. 나는 내 건강에 대해 왜곡되고 어리석은 판단을 지속시켜 왔던 것이다. 그리고 내가 일에 대한 태도를 바꾸게 된 것 역시 바로 이런 자각이 주요 요인들 중 하나로 작용했다.

5년 전, 당뇨병을 엄격하게 조절하기 시작하면서 내 삶은 이제까지와는 전혀 다른 모습을 보이기 시작했다. 사실 당뇨병에는 마법과 같은 특효약이 없다. 다시 말해 이 병을 완치할 수 있는 약은 현재까지 없다. 그저 날마다 세심한 주의를 기울이고 규칙들을 엄수하는 것이 최선의 방법이다. 항상 혈당 수치에 신경 쓰고, 규칙적인 운동, 스트레스 조절, 엄격한 식이요법을 시행하는 것은 다른 많은 주의사항 가운데, 내 몸의 신진대사가 균형을 유지할 수 있도록 하기 위한 필수적인 것들이었다. 그래서 나는 인슐린 수치를 안전한 상태로 유지하기 위해 최대한 내 라이프스타일을 전면적으로 수정해야만 했다.

당뇨병을 엄격하게 조절하려면 시간이 필요하다. 그래서 처음에 나는 그 때문에 나의 일이 피해를 입지 않을까 염려했다. 그러나 놀랍게도, 그리고 너무나 기쁘게도, 그것은 일의 성과나 성공적인 결과에 부정적인 영향을 미치진 않았다. 오히려 건강이 개선되자 일에 대한 정력과 열정은 더욱 커졌고 모든 것에 한층 활력이 샘솟았다. 일이 나를 죽이고 있다는 심각하고, 침울하며, 불안한 공포에 더 이상 사로잡히지 않아도 되었기 때문이다.

내가 당뇨병 치료를 위해 실행하고 있는 일들은 삶과 노동의 균형이라는 보다 깊은 문제에 관한 핵심이라고 생각한다. 그리고 두 가지 일(당뇨병 조절, 그리고 삶과 노동의 조화)은 대단히 까다롭고 시간과 정력과 세심한 주의를 필요로 하며, 매일 아침 눈을 뜨면서 새롭게 시작해야만 하는 반복적인 노력과 개인의 생활 방식에 대해 수정할 것을 요구한다. 균형을 유지하는 것과 관련된 모든 것들은 노력해볼 만한 가치가 충분하다. 거기서 요구되는 일들을 행하는 과정을 통해, 대단히 복잡한 삶의 본질에 보다 깊숙이, 보다 확실하게 뿌리내릴 수 있기 때문이다.

균형을 창출하기 위한 내 자신의 노력에서 나는 한층 더 큰 보상을 받았다. 그리고 이러한 노력들을 통해 나는 일에 전념하면서도, 비즈니스 때문에 여행을 자주 다녀야 하는 사람들에게서 흔히 볼 수 있는 불만에 찬 냉소적 사고방식과 좌절감에서 벗어나게 되었다. 또한 나는 일에 대한 흥미를 되찾을 수 있었다.

균형은 내 삶을 개선시켜 주었을 뿐만 아니라 일 역시 더 훌륭히 해낼 수 있게 해주었다. 그러나 일 그 자체가 목적이 될 때는 그것이 결코 소명이라고 할 수 없으며 충족되지도 않는다. 그러한 극단적 태도에서는 일 그 자체 이외에 아무런 목적이 없기 때문이다. 균형은 내가 사회에 첫발을 내딛어 처음 일을 시작했을 때의 진지함과 열정을 되돌려 주었다.

나는 인생은 노동이 아니며 노동 역시 인생이 아니라는 것을 몸으로 체험했다. 그리고 이 경험을 통해서 균형 잡힌 삶만이 진실로 충만한 삶이라는 것을 배웠다.

균형 있는
삶을 위한 지혜

01

1장 **균형**

1_르네상스 인의 비범한 지혜

때때로 일에서 손을 놓고 휴식을 취해야 한다. 쉼 없이 일에만 파묻혀
있으면 판단력을 잃어버리기 때문이다. 잠시 일에서 벗어나 일과 거리
를 두고 보면 자기 삶의 조화와 균형이 어떻게 깨어져 있는지 보다 분
명하게 보일 것이다.

- 레오나르도 다빈치(Leonardo da Vinci, 1452~1519)

이탈리아 르네상스 시대의 대학자 레오나르도 다빈치가 들려
주는 이 충고는 삶에 대한 예지 그 자체이다. 그는 실로 방대한
분야에서 위대한 업적을 남겼는데 화가, 조각가, 공학자, 천문학
자, 해부학자, 생물학자, 지질학자, 자연과학자, 건축가, 철학자,
인문주의자로서 그가 남겨 놓은 작업의 결과물들은 오늘날까지
도 큰 영향력을 미치고 있다. 그런데 이토록 많은 일을 한 그 자
신은 정작 휴식을 취한 적이 있을까? 물론 그는 일과 휴식을 균

형 있게 취하는 것이 인생에서 얻을 수 있는 최고의 가치는 아니라 할지라도 인간이 행할 수 있는 최상의 실현, 즉 최상의 실천적 행동이라고 믿었다. 노동은 고통스러운 것이라고 생각했던 이 전형적인 르네상스 인이 만약 간간이 휴식을 통해 일과 거리를 두고 평정을 되찾는 시간을 가지지 않았더라면, 그는 아마도 조화와 균형이 깨어져 버린 삶을 살았을 것이다. 따라서 다빈치의 권고가 우리에게 건네주는 비범한 지혜는 노동은 삶과 병행되어야 할 뿐만 아니라 삶과 조화를 이루지 못하는 노동은 지극히 위험하다는 것이다.

2_스물일곱 개의 달걀

너무도 편안해서 활동이 그다지 중요하지 않게 생각될 때, 나는 가장 즐겁다. 또한 나는 이런 습관을 붙이기가 얼마나 어려운지도 안다.

– M. C. 리처즈(M. C. Richards)

콜로라도의 스노우메스(Snowmass: 록키산맥에 위치, 눈이 많이 오는 신으로 알려져 있음)에 위치한 한 수도원에서 생활하고 있는 열일곱 명의 트라피스트회(Trappist: 1098년 프랑스 시토에서 시작된 가톨릭 수도회의 분파) 수도사들은 닭을 키워 자급자족한다. 이들은 1주일에 스물일곱 개 정도의 많은 달걀을 먹는데 어느 날은 연구자들이 그들의 콜레스테롤 수치를 검사하기 위해 수도원을 찾았다. 그리고 그들 중 콜레스테롤 수치가 130을 넘는 사람이 한 사람도 없다는 사실을 발견하고는 크게 놀랐다. 과연 이런 일이 어떻게 가능할까? 나는 그 수도사들 중 몇몇과 강연회를 가진 적이 있었다. 그리고 그들의 생활이 단순히 노동만으로 이루어진 것은 아니라는 사실을 알았다. 그들 수도사들은 여러 시간을 기도에 몰두하면서 보내고, 활동과 휴식, 명상과 기도, 노동과 놀이, 봉사와 찬송으로 늘 조화를 이루고 있었다. 또 그들은 성령 속에서 자신들의 정신의 구심점을 발견하고 있었다. 그들이 그렇게 많은 달걀을 먹는 것도 바로 그 때문이었다.

3_ 날아가는 비닐봉지에서 배우는 아름다움

진실로 노래하는 것, 그것은 전혀 다른 호흡이다. 무위의 호흡, 창조주 속에 떠도는 흐름. 바람.

― 라이너 마리아 릴케(Rainer Maria Rilke, 1875~1926)

아카데미상을 수상한 영화 <아메리칸 뷰티(American Beauty: 미국 중산층 가정의 붕괴와 중년남자의 위기를 다룬 영화)>에서의 중심적 이미지는 바람에 실려 떠도는 비닐봉지다. 이 영상은 '리키'라는 이름의 소년이 비디오로 포착한 것으로 살아 있는 모든 것에 활력을 불어넣고 풍요롭게 만드는 성령을 비유한다. 헤브루(Hebrew)어 '리키(Ru'ach)'가 '바람'과 '영성'이라는 두 가지 의미를 가지고 있기 때문이다. 리키는 계속 날아가는 비닐봉지의 이미지에서 심오한 영적인 아름다움을 발견한다. 그는 여자 친구인 제인에게, 자기는 이제 이 세상 모든 것의 이면에는 하나의 완전한 삶이 있다는 것을 깨닫는다고 말한다. 그리고 그는 그 자비로운 힘은 그가 두려워할 이유가 전혀 없다는 것을 깨닫기 원한다고 믿는다.

이 영화에서 제인의 부모들이 마케팅과 부동산 중개 사업에 사로잡혀 인생의 진정한 노래를 듣지 못하는 것처럼, 우리 역시 일에 파묻혀 성령을 알아보지 못하는 경우가 많다. 그 비닐봉지는 전혀 다른 호흡, 무(無)를 위한 호흡인 동시에 전부를 위한 호흡을 우리에게 권유한다.

4_ 잘 놀아야 성공한다

내면의 행복, 휴식과 놀이, 일에 있어서 객관적인 성공, 빈틈없는 자기 합리화, 나무랄 데 없어 보이는 결혼생활, 이 모든 것들은 서로 긴밀한

상관관계를 가지고 있다. 완벽하게는 아니라 할지라도 높이와 무게의
상관관계만큼 강한 연관성을…….

- 조지 바이앙(George Vaillant)

조지 바이앙은 '성공한 인생을 살고 있는 사람들'을 이해하기
위해 40년에 걸쳐 수백 명의 하버드 졸업생을 대상으로 연구했
다. 그리고 연구의 결과는 다음과 같다. 훌륭한 비즈니스맨(당시
하버드에는 여대생이 없었다)이 되는 것은 테니스 실력이 뛰어나
고, 한 집안의 가장으로서 훌륭한 역할을 해내는 것과 밀접한 상
관관계를 가지고 있다. 우리가 일반적으로 생각하는 것과는 반
대로, 결혼생활이 원만하고 친구가 많은 사람일수록 최고 경영
자가 되기는 더 쉽다.

5_아인슈타인도 10시간은 잤다

현대사회에는 수면 부족에 시달리고 있는 사람들이 아주 많다. 그리고
우리는 수면 부족이 사회 건강과 생산성을 위협하는 주요 요인이라는 사
실을 자각하기 시작했다. 따라서 휴식을 적절히 취하는 능력은 이제 만
족스러운 삶과 사회적 지위와 특권을 가늠하는 새로운 잣대가 되었다.

당신이 마지막으로 만족할 만큼 충분한 수면을 취한 때는 언제였는가? 부족한 잠을 보충할 시간을 만들기 위해 어떤 수단과 방법을 취할 수 있을까? 요즘에는 밤에 충분히 휴식을 취한 생기 있는 얼굴이 성공의 잣대다. 그러나 사실 하루 8시간의 수면은 최고급 승용차나 호화주택보다 더 얻기 힘들다. 우리는 잠을 덜 자는 것으로 다른 것들을 더 많이 얻을 수 있다고 생각하기 때문이다. 그러나 기진맥진할 정도로 일할 때, 실수도 더 많이 하게 되고 생산성도 훨씬 떨어진다. 『이상한 나라』의 레드 퀸은 자기가 항상 있어 온 자리에 계속 머물기 위해 가능한 한 빨리 달리고 있다고 말한다. 오늘날의 우리 역시 레드 퀸과 다를 바 없다. 작가 에드워드 헬모어(Edward Helmore)가 권유하는 것처럼, 우리는 앨버트 아인슈타인(Albert Einstein) 같은 인물을 열심히 본받아야 한다. 그는 양자물리학, 공간과 시간의 상대성이라는 혁신적인 개념들을 발견해내는 동안에도 매일 밤 10시간의 수면을 필요로 했다.

6_휴식은 권리다

　아인슈타인은 진정한 문제를 야기했다. 1905년에 그는 절대적인 휴식과 견줄 만한 것은 아무 것도 없다고 공언했다. 그러나 그 이후로 그런 휴식은 결코 없었다.

– 스티븐 리코크(Stephen Leacock, 1869~1944)

지금 미국에는 기독교(Protestant)적인 직업윤리가 팽배해 있다. 그리고 이 윤리관조차도 1주일에 하루의 휴식은 항상 인정해 왔다. 하지만 우리는 이 사실을 거의 잊어버렸다. 우리는 아인슈타인의 상대성 이론이 나오기 전까지는 사실상 우주의 모든 것들이 쉴 새 없이 움직이고 있으며 진정으로 휴식하고 있는 건 아무 것도 없다는 사실에 대해 알지 못했기 때문이다. 그러나 이 사실을 알게 되면서 이 이론은 끊임없는 노동으로 휴식을 압사시키고 있는 현대인들의 생활을 합리화할 수 있는 적절한 비유로 사용되었다. 사실상 20세기는 노동의 시대라고 정의내릴 수 있는데 산업주의, 노동조합, 로지 리베터(Rosie the Riveter, 미국의 여권운동가), 제너럴 모터스사의 약진, 조직의 일원, 일하는 여성들, 정크 본드(액면 가격보다 싸게 살 위험이 많은 증권), 직장에서의 여성차별, 소형화, 일하는 엄마들, 직장을 가진 어머니들을 위한 탁아소, 부업, 제2의 직업, 가정생활 보호 정책, 재택근무, 작업분담, 닷컴, 풀가동 등이 이에 해당 된다. 그러나 앞으로의 세기에서 우리의 직업윤리관에 있어 가장 우선시될 부분이 성실한 업무수행이나 성과는 아닐 것이다. 그보다는 1주일에 하루의 휴식으로 스스로를 재충전시킬 필요가 있다는 사실을 기억하고 실행하는 것이 성공적인 삶을 사는 비결이 될 것이다. 휴식할 권리를 부각시키는 것은 보다 나은 직업윤리를 향해 나아가는 새로운 물결임에 틀림없다.

7_친절이 가져다 준 사랑의 고리

훌륭한 사람의 인생에서 가장 훌륭한 부분은 사소하고 기억되지도 않는, 익명성을 띤 친절과 사랑의 행동이다.

– 윌리엄 워즈워스(*William Wordsworth*, 1770~1850)

샌프란시스코 출신인 한 친구는 자신의 통행료뿐만 아니라 자기 뒤에 오는 차를 위한 교량 통행료까지 대신 지불하곤 한다. 이는 아주 사소하지만 정말 기발하고 유익한 행동이다. 이 행동으로 요금 징수소를 떠날 때, 그는 자기가 한 행동 때문에 사기가 올라간다. 뿐만 아니라 그곳의 징수원과 뒤차의 운전자 역시 한껏 기분이 좋아진다. 존의 말에 의하면, 자기는 타인에 대해 이처럼 자그마한 배려를 함으로써 새롭게 활기를 되찾는다는 것이다. 그리고 그는 그런 행동을 하는 순간 자신이 가진 문제들에서 잠시나마 벗어날 수 있다고 한다.

나는 그럴 때 그의 뒤를 따라오던 운전자가 과연 어떤 반응을 보이는지 매우 궁금하다. 그들은 자신의 통행료를 대신 내준 그 '괴짜'의 얼굴을 보기 위해 속력을 낼까? 아니면 그 뜻밖의 선행에 감동받아 자기도 그 날 다른 누군가를 위해 무엇인가 선행을 베풀까? 아니면 그냥 그 일을 무시해 버린 채 어떤 자발적인 친절행위가 그 날 자신에게 가장 짜증스러운 순간들에조차도 활기를 불어넣어 줄 수 있었다는 것을 전혀 깨닫지 못할까?

내 친구의 행동은 내가 타인들에게 무엇인가 친절을 베풀었던 경우를 떠오르게 한다. 대체로 선물은 성가신 수고나 비용보다 더 큰 기쁨을 안겨 준다. 물론 내가 그런 대가를 바라고 선물을 한 적은 거의 없지만, 실제로 그 투자에 대한 보상은 어울리지 않을 정도로 크다.

8_기분이 좋아질 때까지 베풀자

1999년도에 미국인의 73%가 자선기금을 냈다. 그 액수는 1900억 달러, 국민총소득의 2%에 달하는 것이었다. 아울러 미국인의 49%가 시민단체에서 자원봉사 활동을 했다.

모리스 파피스는 정년퇴직한 기관사로 현재 81세다. 그의 퇴직 연금은 한 달에 겨우 1700달러에 불과하다. 그러나 그럼에도 불구하고 「타임Time」지의 인터뷰 기사에서 그는 매년 3000달러를 교회에 기부하고 있으며 애틀랜타의 푸드 뱅크(극빈자를 위한 사랑의 음식 나누기)에 적어도 매년 500달러씩은 내고 있다고 말했다. 그리고 왜 그렇게 많은 돈을 기부하느냐는 질문을 받았을 때, 그는 다음과 같이 대답했다. "남을 도울 때 느끼는 즐거움을 알게 되면, 이 세상 누구든지 그렇게 할 겁니다."

빌 게이츠 부부도 인생에는 마이크로소프트보다 훨씬 더 큰 뭔가가 있다는 것을 깨닫고, 자신들의 이름을 붙인 자선 재단에 220억 달러라는 천문학적인 액수의 금액을 기부했다. 게이츠 부부는 인생이란 가족, 회사, 박애가 서로 균형을 이룬 삼각자와 같다고 생각한다고 한다. 또 빌 게이츠는 국제 백신 접종과 아동 건강 프로그램을 재정적으로 지원하는 후원금을 내면서, 그 재단이 하는 일 덕분에 자신이 항상 기분 좋은 하루를 살아갈 수 있다고 말한다.

9_인생은 즐거운 선물이다

성 아우구스티누스는 인간의 맹목성에 관해 다음과 같이 말했다. "인간은 그 자신이 행하는 일에 지배당한다."

남자든 여자든 인간은 누구나 시간과 관심을 요하는 자신만의 작은 세계를 만든다. 호화로운 저택이며 배, 차, 여행, 서적들, 스포츠 시즌 입장권. 사실 이러한 것들은 하나씩 떼어놓고 볼 때는 긍정적이지만 모두 합쳐질 때는 우리의 삶을 유린하기도 한다. 빡빡한 스케줄과 물질적인 기대치 역시 우리의 에너지와 상상력을 고갈시키고 정신을 메마르게 한다. 그러나 오늘날의 사고방식에 있어서는 변화의 바람이 일고 있는 듯하다. 얀켈로비치(Yankelovich: 미국의 마케팅 컨설팅 회사) 여론 조사에 의하면 값비싼 승용차를 소유하는 것에 큰 의미를 두지 않는 사람들이 점점 많아지고 있다고 한다. 물론 우리들 대부분은 아직 가야 할 길이 멀다.

아내와 함께 스페인의 한 작은 마을에서 휴가를 보내기 전까지, 나는 내 스스로 만들어 놓은 삶의 함정에 내 자신이 얼마나 깊이 빠져들어 있었던가를 깨닫지 못하고 있었다. 그러나 휴가 기간 동안 나는 일상적인 의무들에서 벗어나 하루에 8시간씩 일을 하고도 나머지 8시간 동안 아내와 오붓한 시간을 보낼 수 있었다. 그리고 도시를 둘러보거나 해변을 따라 걷고, 소설책을 읽고 새로운 음식을 요리하고, 친구들과 대화를 나누고, 테니스를 치는 등의 여가활동도 할 수 있었다. 삶은 인간들이 생각하는 것보다 훨씬 더 무한한 풍요로움을 지니고 있다. 따라서 인생은 관리하고 처리해야 할 업무가 아니라 즐겨야 할 선물이다.

10_삶을 변화시키는 음악의 힘

음악은 난관을 해결하는 데 도움을 주고, 인격과 감성을 순화시켜 줄 것이다.

– 디트리히 본회퍼(Dietrich Bonhoeffer, 1906~1945)

본회퍼는 음악은 슬프고 불행한 순간에도 지속적으로 삶의 은총을 인지할 수 있게 만드는 힘을 지니고 있다고 믿었다. 그리고 교회는 이처럼 깊은 기쁨을 전달하는 음악의 힘을 아주 오래 전부터 알고 있었다(교회에 다니지 않는 사람들의 경우에는 가령 마돈나의 노래를 들으며 새로운 활력을 얻을 수 있을 것이다). 우리는 희망을 회복시키고 기쁨을 가져다주는 음악의 힘을 간과해서는 안 된다.

음악은 우리가 일상에서 은총을 발견할 수 있도록 돕는다. 많은 사람들이 콘서트홀과 락 공연장을 가득 메우는 것 역시 이 때문이다. 지난 일요일 나는 교회에서 속주 기법으로 높은 음을 발산하는 기타들과 플루트의 반주에 맞추어 찬송가를 불렀다. 나는 다시 한 번 내 삶에 대해 신께 감사했다. 왜 그랬을까? 완벽하게 설명할 수는 없지만 내 스케줄은 여전히 너무 빡빡하다. 나는 내게 일어났던 모든 일들이 어떤 상관관계를 가지고 서로 조화를 이루고 있는지도 잘 모른다. 그러나 분명한 것은 음악은 내

가 보다 핵심적인 삶의 부분과 접촉할 수 있도록 해준다는 사실
이다. 음악은 삶을 변화시키는 힘을 가지고 있다.

11_일곱 번째 날

T. S. 엘리엇(Thomas Stearns Eliot, 1888~1965 미국 태생의 영국 시인이
자 극작가, 문학비평가)은 격정적인 리듬과 낙숫물 소리와 음악에 대해
말한다. 음악은 너무도 심원해서 그것을 듣고 있는 사람은 음악이 흐르
는 동안 음악과 하나가 된다. 그러나 삶의 신비와 의미에 대해서 음악
이 주는 계시들은 불완전하다. 그것들은 단지 암시에 지나지 않기 때문
이다. 그렇다. 그것들은 암시다!

인생은 음악이나 낙숫물 소리 그 이상이다. 그러나 생의 의미
란 뻔한 거라고 말하는 이들도 있을 것이다. 황야에서 방랑한 야
곱 자손들에 대한 이야기를 떠올려 보자. 그들이 먹을 것이 없다
고 하나님에게 불평하자 하나님은 그들에게 메추라기 고기와 만
나를 주셨고, 그들은 그것으로 빵을 만들 수 있었다. 그 후로 야
곱의 자손들은 이 음식을 얻기 위해 열심히 일했다. 그러나 하나
님은 그들에게 1주일에 6일만 음식을 얻기 위해 일해야 한다고
말씀하셨다. 그들은 제7일인 안식일에는 쉬어야 했다. 그 음식

이 단지 그들의 노력만으로 얻어지는 것이 아니라 하나님이 마련해주신 것이기 때문에 거기 있다는 사실을 잊지 않기 위해서였다. 그들은 안식일이면 음악과 낙숫물 소리를 들어야 했다.

이 교훈은 영원한 것이다. 우리에게는 낙숫물 소리와 음악이 필요하다. 그것들은 삶의 의미에 대한 암시를 주기 때문이다. 또 그것들은 우리 자신의 노력만으로는 삶을 좌지우지할 수 없다는 사실을 상기시켜 준다.

12_함께 하는 기쁨

찰스 슐츠의 연재만화 〈피너츠〉에서 스누피(Snoopy)가 혼자 춤을 추고 있다. 루시(Lucy)가 스누피를 따라서 춤을 추기 시작하자, 스누피는 이렇게 외친다. "춤춘다는 건 살아 있다는 증거야."

혼자서 휴가를 떠나 본 적이 있는가? 휴가의 처음 며칠간은 정말 멋진 기분에 흠뻑 빠질 수 있다. 그러나 곧 자신의 새로운 경험들을 다른 누군가(전혀 낯선 사람이라 할지라도)에게 말하고 싶어질 것이다. 내 아내 캐시와 나는 어느 해 여름 에스토니아 공화국의 수도 탈린으로 가는 배를 탔다. 그 배에는 3주일 동안 혼자 여행을 하고 있던 한 미국인이 있었는데 그는 우리를 발견한 순간 망설임 없이 즉시 말을 걸어왔다. 아내와 내가 더 이상 할 말이 없어 입을 다물고 있는데도, 그는 쉬지 않고 이야기를 계속했다. 그 사람은 그 동안 말하고 싶었던 게 너무도 많았던 것이다.

산기슭의 작은 언덕들을 홀로 걸어서 여행하다 보면 상쾌한 기분을 느낄 수 있다. 혼자 앉아서 컴퓨터 게임을 하는 것 역시 신이 날 수 있다. 하지만 우리의 놀이 경험은 다른 사람들과 공유될 때 가장 멋진 것이 된다. 다른 사람과 함께 춤을 춤으로써, 석양의 아름다움을 말없이 함께 나눔으로써, 영화관에 가서 함께 영화를 봄으로써, 여럿이 함께 카드놀이를 함으로써, 심지어는 당신이 고독을 즐기고 있는 것을 다른 누군가가 지켜보도록 함으로써, 기쁨은 또 다른 높이까지 고양된다.

13_29.8시간의 하루

MTV 네트웍스(Networks)와 비아콤(Viacom)이 실시한 전국 여론 조사에서 여러 가지 오락물과 다양한 매스 미디어를 동시에 어느 정도까지 다룰 수 있는가에 관해 사람들에게 물었다. 한 번에 여러 가지 일을 동시적으로 수행하는 것을 모두 합산해보면, 우리는 하루에 24시간보다 5.8시간이 더 많은 시간을 활동에 바치고 있다! 즉 이러한 다중과업화의 명백한 결과는 하루 24시간이 29.8시간의 할 일들로 꽉 채워진다는 것이다.

청소년 시절, 내 누이는 레코드로 음악을 듣는 동시에 자기가 좋아하는 TV 프로그램을 소리를 죽여 놓고 보면서, 그와 동시에 옆에 교과서를 펼쳐 놓은 채 친구와 전화로 수다를 떨곤 했다. 요즘에는 내 조카들이 그렇다. 그 아이들은 케이블 TV로 뮤직비디오를 보면서, 여러 개의 인터넷 사이트를 한꺼번에 열어 놓은 상태로 인터넷으로 자료를 다운받는 동시에 온라인으로 채팅을 하고, 한 편으로는 휴대폰으로 친구와 수다를 떤다. 단지 옛날과 요즘의 차이점은 정도의 차이뿐이다. 다시 말해, 요즘 아이들이 옛날 아이들에 비해 재주가 늘어났다기보다는 하는 일의 수가 더 많아진 것뿐이다.

우리는 유례없이 범람하는 오락물과 레크리에이션의 홍수에 침수해 있다. 그리고 우리는 그것들을 전부 다 하고 싶어 한다. 그러나 그 모든 것을 다 할 수 있는 유일한 방법은 동시에 여러 가지를 할 수 있는 능력을 가지는 것이다. 결과적으로 우리는 날마다 넘칠 정도로 가득 찬 하루를 살아가고 있는 자신을 발견하게 된다. 우리는 과연 이 문제를 걱정해야 할까? 우리가 하루의 매 순간마다 한 가지 일을 또 다른 일 위에 겹쳐 쌓아올리며 시간을 2배, 3배로 늘이려고 애쓰는 것은 과연 염려스러운 일일까? 동시에 여러 가지 일을 하는 것 그 자체는 좋은 것도 나쁜 것도 아니다. 그것은 하나의 삶의 기술일 뿐이다. 정보로 충만한 미래를 살아갈 우리의 자녀들이 더 똑똑해지고 지식과 정보를 보다 효율적으로 다루는 사람이 된다는 건 사실상 좋은 일이다. 그러나 문제는 만일 우리와 우리의 자녀들이 지나치게 다중과업화의 유혹에 빠지게 되면 보다 많은 오락물을 접하고 싶은 우리의 욕구를 제한함으로써 다중과업화 기술을 남용하지 않도록 조절하는 것이 불가능해질 거라는 사실이다.

14_느린 것의 아름다움

도로 공학자인 월터 쿨라쉬는 자신의 조언을 구하는 사람들에게 다음과 같은 사실을 일깨워 주기 좋아한다. 그의 말에 의하면 우리가 가장 쾌적하다고 생각하는 도로나 거리는 사실상 도로를 기획하고 설계하는 사람들 대부분이 F등급으로 분류한 것이라고 한다. F등급이란 가능한 한 교통을 빠르게 소통시키는 것에 실패한 계획이나 구상을 의미한다. 그는 우리가 휴가지로 즐겨 선택하는 도시들, 이를테면 뉴올리언스, 샌프란시스코, 산타페, 보스턴 같은 도시들을 살펴보면 번화하고 시끌벅적하고 활기로 가득 찬 구역들이 있고 그곳의 도로는 한결같이 차들이 서행하도록 설계되어 있다고 말한다.

월트 쿨라쉬의 말은 거리를 황량하게 내버려두라는 게 아니다. 오히려 그는 우리의 거리들을 보다 친근하게 만들어야 한다고 주

장한다. 그는 방법으로 몇 가지 견해를 가지고 있는데 사실 그것
은 도시계획에 있어 관례적인 방법에 어긋나는 것들이다. 쿨라
쉬는 가능하면 교통을 더디게 만들어야 한다고 말한다. 전통적
인 기준에서 보면 그것은 실패한 시설이다. 그러나 전통적인 기
준들은 느린 것이 아니라 보다 빠른 것을 '더 훌륭한 것'으로 정
의하고 있다. 쿨라쉬처럼 인습 타파적이고 이상주의적인 도시계
획자들은 그 실패한 등급을 좋아한다. 그들은 만일 도로 설계가
교통의 속도와 효율에 관한 것뿐이라면 지역사회의 균형이 깨질
것이고 그렇게 되면 그곳에 살고 있는 사람들에게 훨씬 더 해로
운 영향을 미칠 것이라고 생각한다. 즉 그런 설계는 교통에 대해
서는 지나칠 정도로 강조하는 반면, 그곳에 실제적으로 거주하
고 있는 사람들에 대해서는 전혀 고려하지 않는 것이기 때문이
다. 이상주의적인 도시계획자들은 균형과 조화를 최우선 사항으
로 생각한다. 그것은 언제나 최고 속도로 달릴 수 있는 도로를
설계하고 있다 하더라도 의도적으로 그 중 많은 시간을 전속력으
로 달리지 못하게 만들어야 한다는 것을 의미한다. 쿨라쉬가 우
리에게 궁극적으로 전달하고 싶어 하는 것처럼 불편한 교통시설
그 자체가 곧 '실패'를 의미하지는 않는다. 결국 우리는 휴가에
서 바로 그 불편한 교통시설을 즐기기 때문이다. 우리의 개인적
인 생활 역시 그와 같다. 우리가 우리의 시간을 전속력으로 달릴
수 있게 설계하는 것에 실패한다고 해서 그것을 진정한 실패라고

는 말할 수 없다. 우리는 그 실패한 시간들을 향유할 수 있기 때문이다.

공동체나 개인에 있어 우리는 때때로 우리의 계획들에 진로를 방해하는 작은 장애물을 설계해 놓을 필요가 있다.

15_일에 대한 두 가지 정의

만일 노동이 좋은 것이라면 부자들은 자신을 위해 더 많은 노동을 하려 애쓸 것이다.

– 브루스 그로코트(Bruce Grocott)

노동이 실제로 나쁜 것이라면 부자든 가난뱅이든 간에 모두 동맹파업을 할 것이다. 노동 그 자체는 문제가 되지 않는다. 문제는 바로 균형이 깨어진 노동이다. 따라서 노동과 삶을 조화시킨다면 누구나 부자들 못지않게 삶을 향유할 수 있다.

대학원에서 알게 된 친구 밥은 졸업하자마자 사업을 시작하여 아주 빠르게 성공했다. 밥은 과감하게 경쟁에 뛰어들었고 자신의 모든 열정을 다 바쳐 회사를 급속하게 신장시켜 나갔다. 다양한 스포츠와 레크리에이션을 적극적으로 즐겼던 그는 사업 때문에 자신이 좋아하던 모든 여가 활동을 그만두고 사무실에만 틀어

박혔다. 그리고 일에 바친 그의 피와 땀과 눈물은 곧 기대했던 성과를 올렸다. 그의 회사는 수년 동안 연속적으로 미국에서 가장 빠르게 성장 가도를 달리는 사업체들 중 하나로 인정받게 되었다. 그리고 자신의 회사를 다국적 기업에 팔았을 때, 그는 수천만 달러를 벌 수 있었다. 그 시점에서 밥은 하나의 극단에서 또 다른 극단으로 옮겨갔다. 일에서 완전히 손을 떼고 테니스, 배구, 하이킹, 산악자전거, 달리기 등 자기가 좋아하는 스포츠들에 전념하기 시작한 것이다. 그리고 그를 알고 있던 사람들이 놀랄 겨를도 없이 밥은 비즈니스의 세계로 되돌아왔다. 어느 날 오후 밥은 자신의 돌발적인 변화에 대해 내게 설명했다. 기분전환 삼아 그런 스포츠들을 즐길 때는 더할 수 없이 즐거웠는데, 막상 일을 접고 스포츠에만 전념하자 그런 즐거움은 사라지고 없더라는 거였다. 스포츠가 또 하나의 일이 되어 버린 것이다. 밥은 자기에게는 일이 중요하다는 것을 깨닫게 되었다고 말했다. 자기가 좋아하는 스포츠에 전념했을 때 그 전에 그 스포츠들에서 느꼈던 즐거움을 더 이상 느끼지 못하게 되었던 것처럼, 일에 전념해 있을 때 역시 일이 주는 기쁨을 느끼지 못했다는 것을 깨달았다 할지라도 말이다. 밥은 이제 이것이냐 저것이냐를 놓고 둘 중 하나만을 선택할 것이 아니라 그 두 가지를 적절히 균형 있게 조화시키는 게 필요하다는 것을 이해했다. 오직 여가로만 채워진 생활을 하는 것은 일로만 채워진 생활을 하고 있을 때보다 더 행복하지 않았다.

밥은 언제나 일을 필요악으로 생각해 왔다고 말했다. 없앨 수 없는 한 영원히 계속할 수밖에 없는 필요악으로 말이다. 즉 일을 그런 시각으로 바라보면서 밥은 이제는 도저히 일에서 손을 떼지 않을 수 없다고 생각했던 것이다. 그러나 전혀 다른 극단적인 생활을 해보고 난 이후, 일 그 자체가 균형을 유지하는 한, 일은 균형 있는 생활의 필수적인 한 부분이라고 여기게 되었다. 만일 밥은 자기가 일에 시간과 재능을 투자한 만큼 자신의 삶에도 그만 1시간과 재능을 투자하는 현명함을 가지고 있었더라면 백만장자가 되기 훨씬 전에 삶의 균형을 이루고 충족된 삶을 살 수 있었을 거라고 말을 맺으면서, 그 잃어버린 세월은 억만금을 주고도 되살 수 없는 보물이었다고 후회했다.

2장 시간

16_시간은 돈 이상이다

시간은 돈이다.

- 벤자민 프랭클린(Benjamin Franklin, 1706~1790)

우리 중에는 시간은 돈이라는 신념과 더불어 성장한 이들이 있다. 당신의 일정표를 보라. 오전 7시 아침 회의, 점심 약속, 오후에 다 처리하기에는 너무 많은 미팅 약속 세 건, 집에서 저녁 시간에 처리하려고 남겨 둔 전자메일……. 우리의 생활은 늘 시간표에 매달려 왔다. 그리고 때때로 여러 가지 일들의 마감시간이 겹친다. 그래서 우리는 문자 그대로 '지쳐 쓰러질' 때까지 일한다. 그렇다면 아름다움과 경이로움 그리고 상상력은 우리의 생활에 어떤 의미를 지닐까? 나는 어제 오후 7시 30분에 차를 몰아 집으로 가고 있었다. 어느 모퉁이를 돌았을 때, 문득 보름달을 보고 깜짝 놀랐다. 달은 아주 낮게 떠서 거리를 빛으로 가득 채

우고 있었다. 그 광경은 마치 마술처럼 경이로웠다. 감사하게도
인생은 우리의 일정표 이상이다. 그리고 시간은 돈 그 이상이다.

17_계획은 시간을 잡아먹는다

미네아폴리스 근교의 학부모들은 아이가 하루를 좀더 여유롭게 보낼
수 있도록 하기 위해 전국적인 운동을 시작하고 있다. 그들은 아이들이
보다 많은 시간을 가족과 함께 보낼 수 있도록 그룹 활동이나 숙제를
줄여 달라고 교사들에게 요구한다.

나는 매주 일요일마다 업무 일정표를 미리 훑어보며 오후 한
때를 보낸다. 그런데 일정표에 하얀 공백으로 남아 있는 날들을
보면, 펜을 들어 그 공백을 일거리들로 가득 채우고 싶은 충동에
사로잡히곤 한다. 하루하루가 할 일들로 완전히 꽉 차지 않을까
안달이 나는 것이다. 빈 칸들을 채우고 싶은 마음, 나는 이럴 때
마다 일종의 중독증세와도 같은 갈망과 싸워야 한다. 이런 갈망
이 내 자신에게 얼마나 나쁜 것인지 잘 알기 때문이다.
한 때 나는 거의 1년내내 끊임없이 이어지는 회의와 인터뷰,
프레젠테이션, 연설, 마감시간, 출장의 홍수 속에 빠져 있었다.
그리고 늘 이리저리 분주하게 뛰어다녀야 했다. 생각하거나 준

비할 시간이 거의 없었던 관계로 일을 하는 데 어려움이 많았지만 나는 최선을 다했고 결국에는 무엇이든 다 해낼 수 있었다. 그러나 결과는 예상만큼 훌륭하지 못했다. 나는 변화를 시도해야만 했다. 그래서 현재 나는 내 스케줄에 빈 시간을 남겨 두어 휴식하면서 활기를 회복하고 업무들을 제대로 파악하며 생각할 여유를 가지려고 노력한다. 현대를 살아가는 사람이라면 누구나 잘 알고 있지만 과도한 스케줄의 끊임없는 압박은 쉽게 짬을 낼 수 없는 결과를 만든다. 우리는 누구나 빡빡한 목표와 활동으로 분주한 삶을 살고 있다. 그리고 그런 생활 속에서 우리는 매 순간을 계산하려 애쓰고, 시간이 흘러간다는 사실을 끊임없이 자각한다. 그래서 매 순간을 유용하게 사용하기 위해 안달한다.

우리는 시간을 조절해야 한다고 주장하면서도 계속해서 시간을 잃어버린다. 왜 그럴까? 그것은 삶 자체보다 일정표가 우세하기 때문이다. 계획을 세우는 사람들은 계획 그 자체를 위해 많은 일들을 필요로 한다. 모든 빈틈들이 꽉 찰 때까지 계속해서 더 많은 것을 첨가시키고 싶은 유혹에 빠지기 때문이다. 우리는 일정표에 빼곡히 적혀 있는 수많은 일들을 보면서 만족해한다. 그러나 이는 공허한 만족인 경우가 대부분이다. 과도하게 채워진 일정표로 인해 빌려난 것들은 흔히, 우리에게 반드시 필요한 것들이다. 우리는 너무 많은 일을 하려고 함으로써 역시 너무 많은 것을 잃게 된다. 그래서 내가 경험을 통해 깨달았던 것처럼 긴장을 풀고 휴식하는 것은 우리가 가장 원하는 것을 되찾기 위한 첫 걸음이다.

18_시 한 편의 여유

페루의 마키구엔가(Machiguenga) 인디언 부족을 연구하는 인류학자들의 연구에 의하면, 이 전통적인 사냥 부족은 보다 진보된 문명사회의 사람들에 비해 하루의 여가시간을 4시간이나 더 누리고 있다고 한다. 아울러 마키구엔가 인디언들의 삶의 속도는 훨씬 더 느긋하기 때문에 스트레스 역시 훨씬 적다.

사람을 비롯한 모든 것들이 인터넷 속도로 움직이고자 하는 세계에서, '풍요로움'에 대한 정의를 내리는 것은 대단히 어렵다. 페루의 마키구엔가 인디언 부족에 관한 연구는 1978년에 전문인들을 위한 잡지 「휴먼 네이처Human Nature」지에 '풍요로운 사회를 찾아서'라는 제목으로 게재되었었다. 여가시간보다 구입할 물건들을 더 많이 생산하는 것이 현대사회다. 따라서 만약 물질이 아닌 시간을 기준으로 풍요로움을 측정한다면, 현대사회의 생활은 대단히 빈곤할 것이다.

나는 시(詩)를 아주 좋아한다. 내가 좋아하는 시인들은 A. R.

애몬스(A. R. Ammons, 1926~1998), 메리 올리버(Mary Oliver: 1935~, 미국 시인), 체슬로 밀로스(Czeslaw Milosz: 1911~, 폴란드 시인), 셰이머스 히이니(Seamus Heaney: 1939~, 1995년 노벨문학상 수상), 빌리 콜린스(Billy Collins), 마크 스트랜드(Mark Strand: 1934~, 캐나다 출신의 시인), 로버트 모건(Robert Morgan), 메이 스웬슨(May Swenson, 1919~1989), 마크 도티(Mark Doty), 존 애쉬베리(John Ashberry), 엘리자베스 비숍(Elizabeth Bishop: 1911~1979, 미국 시인), 케네스 렉스로스(Kenneth Rexroth, 1905~1982), 마이클 맥피(Michael McFee), 로드니 조네스(Rodney Jones), 그리고 커밍스(Cummings, 1984~1962), 게리 슈나이더(Gary Snyder), 에밀리 디킨슨(Emily Dickinson, 1830~1886), W. H. 오든(W. H. Auden), 발트 휘트먼(Walt Whitman, 1819~1892), 제임스 메릴(James Merrill), 월래스 스티븐스(Wallace Stevens, 1879~1955), 윌리엄 버틀러 예이츠(William Butler Yeats, 1865~1939)이다. 좋은 시를 읽는 것은 시간을 요한다. 그리고 시를 제대로 음미하기 위해서는 그 시를 주의 깊게 연구하고, 크게 소리 내어 낭송하고, 그 의미들과 미묘한 뉘앙스들을 이해할 시간이 필요하다. 하지만 나는 항상 출장 스케줄에 얽매여 있기 때문에 아름다운 시를 읽기 위한 시간을 따로 내기란 무척 어렵다. 그래서 얼마나 많은 계약을 성사시키는지와는 상관없이 업무 출장 때문에 좋은 시를 읽을 시간을 가질 수 없을 때마다 어떤 측면에서는 내 인생이 보잘것없고 빈곤하다는 느낌을 갖는다. 그래서 나는 출장기간 동안 호텔에 머물 때, 매일 밤 시 읽는 시간을 따로 한 시간씩 할애해 둠으로써 나의 여행과 인생을 풍요롭게 만들려고 애쓴다.

나는 여행할 때면 항상 책을 가져간다. 그리고 내가 해야 할 일이나 준비해야 할 일과는 별도로 여행 중 매일 밤 1시간동안은 시 읽는 것을 엄수하려고 노력한다. 그렇게 함으로써 내 비즈니스 여행은 단지 일로 보내는 시간이 아니라 좋은 시를 읽기 위해 내 생활에서 따로 마련해둔 시간이 된다. 내게 있어 비즈니스 여행은 곧 독서의 기회를 의미하기 때문에 나는 그 여행을 고대하며 기다릴 수 있다. 그리고 덕분에 비즈니스 여행이 덜 힘들게 느껴질 뿐만 아니라 보다 기쁜 일, 내 삶을 훨씬 더 풍요롭게 만들어 주는 기회로 인식한다.

19_기계를 버리고 여유를 찾자

사실상 한 사회 내에서 가능한 순수 여가의 양은 일반적으로 인력 절감을 위한 기계들의 양과 반비례한다고 주장해도 그다지 틀린 말이 아니다.
- E. F. 슈마허(E. F. Schumacher, 1911~1978)

한 보고에 의하면 미국인들의 평균 노동시간이 20년 전에 비해 연간 30일이나 더 많아졌다고 한다. 그리고 맞벌이 부부의 증가 역시 이러한 요인 중 하나로 문제는 우리가 생각하는 것보다 훨씬 더 심각하다. 경제적으로 훨씬 넉넉해진 현대인들은 시간을 좀더 절약하려는 생각으로 더 많은 기계들을 구입한다. 쓰레기 분쇄기, 각종 전자기계들, 가스를 이용한 벽난로, 예약시간을 조절할 수 있는 스프링클러 등등. 그런데 그럼에도 불구하고 우리는 항상 시간에 쫓긴다. 편리한 기계장치들을 이용해 시간을 벌어 보겠다는 의도가 결코 효과를 보지 못하고 있는 것이다.

슈마허의 견해가 정확하다면 우리는 인력 절감을 위한 기계장치들에 더 이상 의존하지 말아야 한다. 장작으로 벽난로에 불을 지피는 것은 진정한 만족감을 가져다주고 불꽃을 즐기면서 휴식할 수 있게 해준다. 그리고 정원 잔디에 직접 물을 뿌려 주는 것은 자신의 정원을 다시 한 번 향유하게 해준다. 쓰레기들을 바깥의 쓰레기통까지 들고 나가는 것도, 먼 산을 보면서 잠시 휴식할 기회가 된다.

우리에게 여가시간을 찾기 위한 구실은 얼마든지 있다. 그러나 그것은 우리가 우리 자신의 인생을 다시 한 번 음미하기 위해 속력을 늦출 때만 가능하다.

20_아무 것도 하지 않기 위하여

한 개인의 인격은 그가 혼자만의 시간을 어떻게 사용하느냐에 따라 측정된다.

정신분석학자 칼 융은 지나치게 일을 많이 하는 어느 목사가 조언을 구하러 왔을 때, 그 목사에게 다음과 같이 충고했다고 한다. 융은 그의 이야기를 듣고 나서 매일 2시간 동안은 아무 것도 하지 말라고 지시했다. 그러나 목사가 다음 상담 시간에 찾아와서 융에게 말하기를, 매일 모차르트를 듣는 건 정말 멋진 일이라고 말했다. 융은 이렇게 대답했다. "나는 당신에게 아무 것도 하지 말라고 말했습니다. 그건 음악 감상조차 하지 말라는 뜻이었어요." 그러자 목사가 대답했다. "아, 그토록 긴 시간 동안 혼자서 우두커니 아무 것도 안 하고 있는 걸 어떻게 견디라는 말입니까?" 융은 말했다. "당신 교회의 교인들이 주일마다 어떤 느낌일지 생각해보세요."

3장 **놀이**

21_ 자신의 놀이를 관찰하라

놀이에는 성숙한 인격이 필요하다.

정신분석학자들의 말에 따르면, 완벽주의자들은 마음껏 놀지 못한다고 한다. 그리고 개인주의자들은 대체로 게임에서 제외당한다. 또 의심 많은 사람들은 게임을 즐기지 못하고, 편집증을 가진 사람들은 지나칠 정도로 게임에 빠져든다. 제멋대로 행동하는 사람들이나 지나치게 의존적인 사람들은 놀이를 망치고, 우울증에 시달리는 사람들은 즐거워해야 할 때 즐거움을 느끼지 못한다. 따라서 만일 여러분이 정상인지 아닌지에 대한 하나의 기준을 원한다면, 여러분의 노동 패턴을 검토할 것이 아니라 자신이 놀이하는 태도를 관찰해보라.

22_목적이 있는 놀이

놀이는 생활에 산소를 불어넣어 일하는 동안 잃은 활력을 되돌려 준다.

막상 놀이에 임할 때, 우리들 중 대부분은 훌륭한 놀이꾼이 못된다. 훌륭한 팀 플레이어(Team Player)가 될 수도 있지만, 사실상 우리는 '비열한' 플레이어들이기 때문이다. 놀이는 목적이나 이익이 전혀 없는 것처럼 보인다. 그리고 정확한 정의에 의해서도 놀이는 놀이 그 자체 이외에 다른 어떤 목적도 가지고 있지 않다. 놀이는 '목적 없는' 활동이다. 그래서 우리는 놀이란 아이들에게나 어울리는 것이라고 생각한다. 사전에서조차 '놀이'는 '아이들의 충동적인 활동' 이라고 정의함으로써 우리에게 잘못된 인상을 준다.

놀이는 우리가 성장한 후에도 해야 하는 것이다. 놀이의 비목적성에는 하나의 목적성이 있다. 놀이는 놀이 그 자체 이외에 아무런 목적을 가지고 있지 않다. 그리고 놀이가 가져오는 파급효과는 엄청나다. 기쁨과 환희, 자신의 자아에 대한 확인, 세상과의 연대감, 정신의 해방, 단조로운 일상적 삶에 부여되는 신선한 활력 등. 놀이는 비실용적인 것일 수 있지만 그럼에도 불구하고 생산적이다.

23_테크놀로지들을 적절히 수용하는 지혜

앨 고스(AI Goss)는 1949년에 의사들을 위한 페이징 시스템(Paging System: 호출기)을 개발한 선구적인 발명가이다. 그러나 그가 발명한 기계는 큰 호응을 얻지 못했다. 고스의 말에 의하면, 의사들은 '자신들이 골프를 하는 도중에 방해를 받을까' 염려하기 때문에 이 발명품을 싫어한다고 했다.

르멜슨 상(M. I. T의 발명 부문 평생 공로상)을 수상한 앨 고스는 만년에 이르러 차고 자동 개폐 장치에서부터 휴대폰에 이르기까지 수많은 무선 장치 발명품들을 개발했다. 그는 OSS(전략 활동국, CIA의 전신)에서 근무하는 동안 하늘에 떠 있는 비행기들에 정보를 전달하는 스파이들을 위한 일급 기밀 시스템을 개발했다. 그러나 그는 휴대용 소형 무선 호출기 같은 테크놀로지(Technology)들을 한꺼번에 내놓을 수 없었다. 그 당시의 사람들은 그런 것들 없이 살아가는 걸 더 좋아했기 때문이다.

우리가 우리의 생활을 몰래 추적하는 노동 테크놀로지들에 속을 썩이고 불평한다 해도, 그런 테크놀로지들이 발명되고 이용되는 건 우리가 골프 게임을 방해받는 걸 더 이상 신경 쓰지 않는 것처럼 보이기 때문이라는 사실을 기억해야 한다. 따라서 만일 그것에 신경이 쓰인다면 그렇다고 분명히 말해야 한다(요즘 들어 점점 더 많은 이들이 그렇게 하기 시작하고 있다). 그러나 균형을 유지하기 위해 테크놀로지들을 전적으로 거부할 필요는 없다. 예를 들어 첨단 테크놀로지 장비를 생산하는 한 회사의 어느 개발 파트 임직원은 한 신문의 인물평에서 자신은 직장에서는 테크놀로지들에 파묻혀 있지만 집에서는 전혀 그렇지 않다고 말했다. 그는 집에서 노트북과 휴대폰, 그 외 개인용 디지털 장비들을 가지고 있을 필요를 못 느낀다고 말했다. 그는 자신의 생활을 조종하거나 예속시키는 기계들을 원하지 않는 것이다. 즉 그에게 있어 테크놀로지는 단지 하나의 도구일 뿐이다. 이 이야기가 주는 지혜는 도구들이 우리를 선택하는 것이 아니라 우리가 도구들을 선택해야 한다는 것이다. 즉 테크놀로지들이 우리의 생활에 더 좋게 영향을 미치느냐 더 나쁘게 영향을 미치느냐에 관해 궁극적인 결정권을 갖고 있는 건 바로 우리 자신이다. 그리고 테크놀로지들을 무조건 거부할 것이 아니라 우리의 생활 내에 그것들을 수용하여 적절한 균형과 조화를 유지하며 이용하는 것이 현명한 태도이다.

24_놀이는 의무가 아니다

자신의 여가시간과 노동시간에 자기가 하고 싶은 것들을 하도록 강요당한다면 그건 일종의 노예 상태다.

— 에릭 길(Eric Gill, 1882~1940)

만일 우리가 외출해서 즐겁게 지내지 않으면 안 된다고 강요당
한다면 어떨까? 우리는 그것을 힘든 노동이라고 생각할까? 그
일을 모면하기 위해 여러 가지 방법들을 찾을까? 빠르고 간단하
게 그 일을 끝낼 수 있는 방법을 찾을까? 자기 대신 그 일을 해줄
사람을 고용하려고 할까? 그 일을 마지막 순간까지 미룰까? 그
리고 일단 그 일을 처리했다면, 정작 휴식시간에는 뭘 할까? 정
말 바보 같은 얘기다. 그러나 우리는 일단 즐기기 위한 시간이
닥치면 그 시간을 즐겁게 보낼 것을 상당히 많이 강요당한다. 즐
거움이라는 것이 과연 이런 것일까? 즐기는 것에도 스케줄을 짜
야 한단 말인가?

여가를 즐기기 위한 활동으로 내가 좋아하는 것 중 하나는 달
리기다. 그냥 밖으로 나가서 1시간동안 내 자신을 해방시키는 것
이다. 내가 달리기를 하면서 중점을 두는 것은 다른 주자들을 따
라잡으려 하지 않고, 자동차들과 건축 공사장들로부터 벗어난
거리를 달리면서 종종 내 마음에 드는 곳에서 멈추기도 한다는
것이다. 이런 식으로 달리지 않는다면 달리기 역시 내가 직장에
서 늘 부딪치는 경쟁, 스트레스, 분주함을 지닌 또 하나의 의무
가 되고 말 것이다. 물론 그렇다 해도 달리는 것 그 자체만으로

도 건강에 유익한 운동을 한다는 이점은 있겠지만, 즐거움은 조
금도 누리지 못할 것이다.

25_시간을 낭비하는 기술

우리는 이익을 얻기 위해 억지로 책을 읽고, 계약을 성사시키기 위해
파티를 하고, 화합을 위해 볼링을 하고, 단위 연료당 주행 거리를 확인
하기 위해 운전을 한다. 그리고 자선기금을 위해 도박을 하고, 지역 경
제 발전을 위해 저녁 외출을 하고, 집을 수리하기 위해 주말에 집에 머
문다.

– 월터 커(*Walter Kerr*)

위의 글은 1962년에 뉴욕에서 활동하던 연극 평론가 월터 커
가 쓴 것이다. 이후 세월이 많이 흘렀지만 상황은 그다지 달라지
지 않았다. 자신의 생활로부터 가치와 효용성을 짜내려 애쓰면
서 더욱 타이트한 형태의 삶을 살아가는 경우가 너무 많다. 그러
면서 우리는 자신이 왜 위축감을 느끼는지 의아해한다. 다시 월
터 커의 말에 귀를 기울여 보자. "20세기는 모순되고 잔인한 방
식으로, 우리의 머리 속에서 오직 노동만이 가치가 있다는 신념
은 없애 주지 않으면서 노동량만은 경감시켜 주었다."

현대인들은 시간을 낭비하는 기술을 되찾을 필요가 있다. 우리가 순수하게 그 자체로 즐기는 것은 어떤 것들일까? 금전상의 이익과는 전혀 상관이 없는 무상의 즐거움을 우리에게 가져다주는 건 어떤 것들일까? 음악을 듣는 것? 영화관에 가는 것? 그림 그리는 것? 자녀들과 함께 소꿉놀이를 하는 것? 낡은 차를 수리하는 것? 수족관을 가지는 것? 요리하는 것? 사실 이런 것들에 아무리 지나치게 열중해도 위험할 것은 전혀 없다. 오히려 우리의 업무 스케줄로부터 그러한 일시적인 휴식은 무익한 것처럼 보임에도 불구하고 결과적으로는 유익하다는 것이 입증될 것이기 때문이다. 이것이 바로 놀이의 역설이다.

26_일에서 벗어나자

발달된 테크놀로지로 인해 가정과 사무실을 구분하는 경계선이 애매해졌다. 그래서 참된 여가, 진정한 휴식시간은 이제 더 이상 존재하지 않는다.

몇 년 선 잠석했던 한 비즈니스 아이디어 회의가 생각난다. 그 회의의 한 발표자는 매일 전철이나 버스로 통근하는 비즈니스맨의 습관에 관해 자신의 개인적인 관찰을 근거로 업무 아이디어를 발표했었다. 그의 관찰에 의하면, 아침이면 통근자들은 미리 그 날 하루를 위한 준비에 신경을 쏟으면서 보고서, 메모, 토의를 위한 준비 서류들을 분류하고, 저녁이면 신문이나 책, 잡지 등을 보면서 긴장을 푼다는 것이었다. 그 이야기는 나에게 충격적이었다. 내 자신에 대해 생각해보니 아침이건 저녁이건 내가 읽는 건 전부 비즈니스 관련 자료들뿐이라는 사실을 깨달았기 때문이다. 나의 동료 그룹 내에서도 일에 대한 나의 집착은 도를 넘어선 것이었다. 그리고 내 행동에 대해 생각했을 때 내가 느끼는 초조함과 강박감은 대부분 내가 항상 일에 짓눌려 있기 때문이라는 것도 깨달았다. 그래서 나는 나의 하루에 약간의 균형을 되살리기로 결심했다. 적어도 집으로 돌아가는 동안만큼은 일에서 벗어나기로 말이다.

현재 나는 새로운 난관에 또 다시 부딪히고 있다. 내가 퇴보했기 때문이 아니라 일의 새로운 테크놀로지들이 점점 더 침식해 들어와 나를 밤이고 낮이고 바짝 쫓아오면서 비즈니스의 가혹한 불협화음 속으로 몰아넣고 있기 때문이다. 그래서 나는 전에 한 번 했던 대로 일이 내 생활의 나머지 시간을 침해하지 못하도록 막기로 했다. 문제는 새로운 테크놀로지 그 자체가 아니었다. 나는 이런 테크놀로지들이 폭발적으로 등장하기 오래 전부터 이런 문제를 가지고 있었던 것이다. 문제는 바로 나에게 있다. 나는 스스로 내 생활의 보안관이 되어야 한다. 경고문을 써 붙이고 개인적인 생활 속으로 일이 침투해 들어오는 것을 막으면서.

27_놀이를 통해 스스로를 발견하다

놀이는 삶의 한 요소이다. 그러나 놀이는 논리적으로나 생물학적으로,
또는 미학적으로 정확한 정의를 내릴 수가 없는 것이기도 하다.

– 요한 호이징가(Johan Huizinga, 1872~1945)

우리가 실제로 놀이를 하고 있을 때, 우리는 자신이 놀이를 하
고 있다는 것을 인식한다. 놀이한다는 것은 자기 자신을 속일 수
있는 성질의 것이 아니기 때문이다. 그래서 우리는 놀이를 통해
자신이 살아있음을 느낀다. 우리는 삶이란 노동 이상의 그 무엇
이며 보다 의미심장한 것이라는 것을 잘 알고 있다. 그러나 때때
로 우리는 놀이를 업무의 연장선상에 위치시키려 하기도 한다.
우리들 대부분은 비즈니스를 위해 사업 관계자들과 골프를 치는
순간에도 여전히 '완벽한' 드라이버 샷을 날리는 데 신경을 쏟는
다. 딸아이가 캐치볼 팀에 들어갈 수 있도록 하기 위해 함께 힘
든 연습을 하는 동안에도, 우리는 함께 웃는다. 그리고 체중을
줄이기 위해 운동을 하거나 몸매를 유지하기 위해 고통스럽게 달
리기를 하는 동안에도 우리는 우리의 정신이 저 높이 날아오르는

듯한 카타르시스를 경험한다. 곧 죽을 것처럼 힘든 가운데서도, 우리는 놀이를 통해 우리 자신을 발견하며 바로 거기서 우리가 정말로 살아 숨쉬고 있음을 느낀다.

28_휴대폰을 꺼라

> 그들의 종교는 그들이 서로와 그들의 공동체와 신과 관계를 맺기 위해 서두르지 말 것을 요구한다.
>
> — 에드워드 할로웰, 「정통 유대교도의 안식일에 관한 묘사」 중에서

어느 해 여름 내 아내와 나는 이스라엘 갈릴리 지방의 한 종교 단체에서 시간을 보내며 어느 유적 발굴에도 참가했다. 금요일 오후, 스튜 단지가 스토브 위에 올려져 부글부글 끓고 있었다. 집집마다 모든 문의 자물쇠를 풀어 놓아 문은 열렸고, 그 도시 중심가의 각 끝에 있는 관문들은 모두 닫혀, 안식일 동안 그 소도시의 안팎으로 드나드는 통행은 완전히 막혔다. 해가 지고 난 후 사람들은 저녁 식사와 안식일 기도를 위해 자리에 앉았다. 그런 다음 중심가를 오르내리며 유유히 산책하면서 이웃과 대화를 나누기 위해 간간이 멈추곤 했다. 사람들은 주중에는 집단 농장에서 열심히 일했지만 안식일에는 24시간 동안 어떤 일도 하지

않았다. 쇼핑이나 휴대폰 통화조차도. 나는 이런 생활 리듬이야말로 제대로 된 것이라는 느낌이 들었다. 우리는 일을 해야 한다. 그리고 또한 휴식해야 한다.

4장 권리

29_장미 향기를 맡는 시간

'다중과업화'에 관한 내용을 다룬 한 신문 기사에서, 여섯 살 난 딸에게 변기에 앉아 있는 동안 멍청히 시간을 낭비하지 말고 그 시간 동안 이를 닦고 머리를 빗으라고 말했던 날을 회상하는 한 어머니를 예로 들었다. 그 어머니는 기자에게 자기가 그렇게 말한 순간, 그런 '다중과업화'는 도저히 불가능한 일이라는 걸 당장 깨닫고 정신을 차렸다고 말했다.

오늘날에는 일하지 않는 시간이 아무 것도 하지 않는 것을 의미하지는 않는다. 그 시간에 우리는 해야 할 일이 있기 때문이다. 가령 샤워하기나 잠자기, 직장으로 차를 운전해가기, 심포니나 발레 공연 관람하기, 『전쟁과 평화』 읽기, 변기에 앉아 있기 등. 그런데 우리는 이런 활동들의 순간을 다중과업화의 기회로 만들 수 있는 방법들을 생각해 내려고 계속 애쓴다.

우리는 빈 시간을 무엇으로 채우고 있을까? 더 많은 다중과업들로? 그렇다면 다중과업화로부터의 최후 도피처는 무엇일까?

우리가 일하지 않고 있다는 죄책감으로부터 벗어날 수 있는 활동이 단 하나라도 남아 있을까? 나는 주변에 물었다. 한 친구는 '명상'이라고 대답했다. 또 한 친구는 '신앙고백'이라고 말했고, 다른 친구는 '고독한 감금 상태'라고 대답했다. 그러나 병적으로 우울한 친구 하나는 '우리가 죽어 갈 때'라고 대답했다. 그리고 매사에 활동적인 한 친구는 '섹스'라고 자신 있게 단언했다.

내 경우에는 우리가 다중과업화보다 더 좋아할 수 있는 대체물, 즉 우리의 완전한 관심을 끌 만한 가치가 있는 것을 찾기 전까지 우리는 결코 안전하지 않다고 생각한다. 우리는 다중과업화를 우리의 시간을 보다 가치 있게 소비하는 방법이라고 여기기 때문이다. 그러나 문제는 우리가 지속적인 관심을 가질 만한 가치가 있는 무엇인가를 발견하지 않는 한, 다중과업화로부터 결코 벗어나지 못한다는 것이다.

우리가 걸음을 멈추고 장미 향기를 맡는 것에 좋은 기분을 느끼기 전에, 우리는 그렇게 하지 않는 것에 대해 기분 나빠해야 한다. 단순히 '바쁘다'는 것은 인생의 소박한 아름다움을 간과하기 위한 빈약한 핑계에 지나지 않기 때문이다.

30_요구되지 않은 시간에는 일하지 말라

능수능란하게 저글링을 하는 곡예사들조차도 너무 오랫동안 쉬지 않고 저글링을 계속 하다 보면 결국엔 실수를 하게 된다. 다시 말해, 원숭이 도 나무에서 떨어진다.

그리 오래 전의 일도 아니다. 어느 해 나는 그 한 해 동안 내내 계속 뭔가를 흘리고 다녔다. 12개월 동안 휴대폰 두 대, 전자수 첩 하나, 계산기 한 대, 일정을 적어 놓은 수첩 한 권, 펠트 모자 하나, 스포츠 코트 한 벌, 장갑 두 켤레, 휴대용 CD플레이어 한 대, 고급 펜 한 자루, 선글라스, 알람시계, 심지어는 노트북까지 분실했다. 이 중에서 도둑을 맞은 건 하나도 없었다. 비즈니스 여행 중에 뭔가를 잠시 사용했다가 깜빡 잊어버리고는 그냥 그 자리에 두고 온 것일 뿐이다. 그 해는 다른 어떤 해보다도 굉장 히 바빴기 때문에 분실물들로 인해 성가신 일 또한 계속 생겼다. 나는 각자 정반대쪽 해안에 살고 있는 두 명의 고객들 사이에서 내 시간을 쪼개며 20억 달러의 이익을 위해 1년여에 걸친 장기적 인 프로젝트를 이끌고 있었다. 퇴근도 없었고, 주말도 없었다. 다만 고객과의 미팅을 위한 여행을 하지 않을 때면 밤이건 주말 이건 사무실에서 업무를 처리하며 시간을 보냈다. 그러니 여가 시간은 꿈도 꾸지 못할 일이었다.

완전히 일에 파묻혀 정신을 차리지 못하고 있었지만 그 와중에도 프로젝트가 성공을 눈앞에 두고 있다는 사실만큼은 직감하고 있었다. 그러나 끊임없이 물건을 잃어버리는 것에 대한 낭패감은 내 주의를 산만하게 만들었다. 나처럼 매사에 철두철미한 사람이 어떻게 그토록 부주의하고 건망증이 심할 수 있는지 내 스스로도 이해할 수 없었다. 그리고 더 열심히 분발하려고 노력하면 할수록 더 많이 잃어버리는 것 같았다. 그러던 어느 날, 나는 내 고객 중 한 명에게 그 즈음 어느 오후에 내가 잃어버린 물건에 대한 이야기를 들려주며 푸념을 늘어놓았다. 그녀는 호의적으로 내 말에 귀를 기울여 주었다. 그러나 내 말을 다 듣고 난 그녀는 내게 그런 현상이 일어나는 건 당연한 일이라고 말했다. 문제는 간단했다. 내가 너무 바빴기 때문이었다. 내 머리 속은 업무에 관한 일들로 항상 꽉 차 있었다. 그래서 나의 주요 관심사들과 우선사항이 아닌 것들은 재빨리 잊혀져 버렸던 것이다. 내가 아무리 노력한다 해도 일과 직접적으로 관련된 것이 아닌 것에 대해서는 주의가 산만할 수밖에 없었다. 그녀는 이런 진단을 하고 난 후, 왠지 불안했던지 고객으로서 내게 자신의 프로젝트에 좀 더 많이 신경을 써 달라고 요구했다. 물론 나는 그렇게 했다. 어쨌든, 놀랍게도 그녀의 평가는 정확한 것으로 판명되었다. 그 프로젝트가 끝나자 나의 건망증은 즉시 사라졌기 때문이다.

그녀가 내게 지적한 대로 생활운영능력은 내가 생활을 어떻게 운영하느냐 하는 것과 내 개인적인 생활에 얼마만큼 많은 시간을 부여하느냐는 것과 많은 상관관계를 가지고 있었다. 업무 외의 시간들이 적절하게 운영될 수 있도록 하기 위해 요구되지 않은 시간에는 일하지 않는 것, 그것이 그 날 이후 내가 잊지 않은 교훈이다. 요즈음 나는 시간계획을 세울 때 항상 그 교훈을 명심하고 실천에 옮기려 노력하고 있다.

31_계획되지 않은 시간의 즐거움

노동 통계청에 따르면, 주당 평균 노동시간은 1982년 이래로 거의 2시간이 늘었고, 그와 동시에 맞벌이 부부의 비율은 같은 시기 동안 39%에서 47%로 증가했다. 그리고 이 결과 가정에서 가족과 함께 보내는 시간은 대단히 심각한 수준으로 위협받고 있다.

우리가 안정을 유지할 수 있는 유일한 방법은 돈과 관련된 것보다 시간과 관련된 것을 우선시하는 것이다. 그러나 어렵게 짜낸 약간의 시간을 유익한 시간으로 만들기 위해서는 방법이 필요하다. 내 경우에는 내가 업무 외에 하는 일을 오랫동안 관찰한 후 그 각각의 것들이 얼마나 중요한지에 대해 내 자신에게 질문해 보는 것이다. 그리고 우선시해야 할 것의 순위를 매기면서 내 개인을 위한 자유시간을 가능한 한 제한하고 꼭 필요한 것들에만 내 여가시간을 쓰는 것이다. 물론 나는 여가시간에도 기획안을 작성하거나 업무와 관련된 사소한 일들을 처리한다. 그러나 내 여가시간에서 가장 큰 비중을 차지하는 것은 내 가족과 내가 자유롭게 사용할 수 있는 계획되지 않은 시간이다. 우리를 압박하는 건 아무 것도 없다. 마감시간에 쫓길 필요도 없다. 우리는 해야 할 일들을 적어 놓은 빽빽한 리스트를 쫓아가는 게 아니라 다음에는 뭘 할지 생각해내기 위해 서로 머리를 맞댄다. 나는 이전의 그 어느 때보다도 현재의 내 여가시간에 대해 훨씬 더 즐거운 기분을 느낀다. 그래서 나는 내 여가시간이 일에 착취당하고 있는 순간에도, 내가 여가시간을 잘못 사용하고 있다는 사실을 이전보다 훨씬 더 분명하게 인식하고 고치려 노력한다.

32_보다 나은 삶을 위해 버리기

얀켈로비치가 실시한 여론 조사에 의하면, 미국인의 76%가 보다 단순화되고 소박한 삶을 위해 방법들을 찾고 있다. 그리고 미국인의 절반 이상이 자신들의 삶에서 꼭 필요하지 않은 것들을 버릴 필요성을 절실하게 느끼고 있다.

잡지들은 보다 쉽게 고기 굽는 방법, 5분 만에 완성되는 메이크업 전략, 절전을 위한 가이드, 간단하고 신속하게 식탁 차리는 비결, 관리하기 쉬운 옷감 등에 관해 무한한 정보를 싣고 있다. 우리는 돈을 온라인으로 지불할 수 있고, 쓸모없는 가전제품이나 중고가구, 헌옷 등을 알뜰 시장에서 처분하고, 생활패턴을 새롭게 바꿀 수 있다. 그리고 재활용품 상자를 우편함으로 이용할 수도 있다. 차를 운전하는 동안 테이프로 책을 '들을' 수도 있고, 주중에 일요일을 위한 스케줄을 짤 수도 있다. 우리의 생활을 어떻게 단순화시킬 것인가에 관해 서로 생각들을 나누는 인터넷 사이트도 있다. 이 모든 것들은 분명히 가치가 있다. 그러나 우리는 그것들이 해결책은 아니라는 사실을 분명히 알고 있다.

우리들 전부는 아니라 할지라도 대부분은 아침을 더 급하게 먹는다. 우리는 공동체 사회나 교회에서 자원 봉사하는 것에는 시간을 덜 할애하지만 더 많은 사람들과는 친한 친구로 지내고 싶어 한다. 기분 전환을 위한 레크리에이션 활동들은 수년 동안 계속 줄어들어 왔지만 우리의 스트레스 수치는 점점 올라가고 있다. 그리고 자신이 어떤 중요한 것들을 등한시하고 있는 건 아닌가 불안해하면서도 생활태도는 과감하게 변화시키지 못한다.

다중과업화, 보다 큰 효율성, 또는 남아도는 것을 버리는 것만으로는 충분하지 않다. 우리는 비어 있는 시간을 채우기 위해 더 많은 일들을 찾는다. 그러나 보다 중요한 것은 우리의 삶에 리듬

과 의미를 보태어 줄 두세 가지의 우선사항들을 결정하는 것이
다. 누군가는 자녀들의 축구 팀을 지도하고 싶어 한다. 또 저녁
식사 후 아이들이 설거지를 하는 동안 황혼을 즐기면서 배우자와
함께 산책하는, 그들만의 신성불가침한 시간을 갖기 원하는 사
람들도 있을 것이다. 우리에게 충족감을 안겨 줄 수 있는 것은
시간을 보다 효율적으로 사용하는 것이 아니라 보다 나은 삶의
균형을 이루는 것이다.

33_보너스로 받은 시간

서력기원 초기, 로마인들의 평균 수명은 22.0세였다. 그리고 초기 식민
지 시대의 미국인들의 경우에는 평균 수명이 겨우 35.5세였다. 그러나
1900년경에는 49.2세였고, 오늘날 미국인들의 평균 수명은 76.1세이다.

100년 전 미국인들은 평균적으로 49세까지 살았다. 그러나 현
재는 평균 수명이 76세이다. 거의 30년이라는 세월을 보너스로
받은 셈이다. 우리는 이러한 생명의 선물을 어떻게 받아들여야
힐까? 어린 시절 인간이 자기 주변 세계의 다양성과 경이로움을
탐사할 때는 놀이가 중심이 된다. 그러나 성인이 되고 난 이후
자신의 재능과 관심을 발견하고 자신의 소명을 따르며 살고자 할

때는 일이 우선이 된다. 그렇다면 우리의 성년기가 일과 놀이가 보다 훌륭한 조화를 이루는 시기로 간주될 수는 없는 것일까? 은퇴한 후에도 우리는 일을 멈출 필요 없고 즐겁게 탐사하는 삶의 풍요로움을 포기해서도 안 된다. 우리는 일과 놀이를 동시에 껴안을 수 있는 여분의 30년을 가지고 있으니까.

자원 봉사, 불우아동 돕기, 파트타임 근무, 강좌 듣기, 글쓰기 등. 우리의 본업 이외에도 일과 관련된 활동들의 목록은 인생 그 자체만큼이나 다양하고 무궁무진하다. 그리고 우리의 놀이 역시 그러하다. 비성수기의 유럽여행은 현재, 급속히 증가하고 있는 장년층의 증가로 인해 여름철 바캉스 시즌의 수요를 능가하고 있다. 또 자녀들이 집을 떠나고 나면 친구들과 가족들을 위한 시간을 더 많이 가질 수도 있다. 좀더 이른 나이에 개발한 취미들을 심화시키면서 다양한 문화 활동들도 더 많이 누릴 수 있다.

놀이와 일 그리고 일과 놀이 이 모든 것들이 조화롭게 통합되었을 때, 우리는 저절로 감사를 드리게 된다.

5장 물질만능주의

34_마음이 넉넉한 부자

1995년, 머크 패밀리 재단에서 주관한 한 여론조사에 의하면 수입이 10만 달러 이상인 가정의 1/4이상이 필요한 것을 모두 구입할 만큼 충분한 돈을 가지고 있지는 않다고 생각했다. 또 다섯 명 중 한 명은 자신들이 번 돈을 모두 기본적인 필수품 구입에 소비한다고 대답했다.

이것은 우리가 물질들을 어떻게 마련하고, 또 무엇을 어떻게 소비하느냐의 문제이다. 우리 모두는 결코 부자가 되지 못하는 사람들과 많은 봉급을 받으면서도 엄청난 카드 빚에 시달리는 사람을 알고 있다. 어떤 교수 부부는 친자식이 네 명이나 있지만, 더 많은 아이들을 입양하여 기르고 있다. 이 가족은 한 사람이 벌어들이는 낮은 수입(1970년대 말에 2만 달러도 되지 않는 연봉을 받았다)에도 불구하고 항상 돈이 넉넉했다. 교수는 아이오와의 농가 출신이었는데, 언제나 즐거운 마음으로 정원의 나무를 가꾸고 부서진 지붕을 수리하면서 동시에 칸트와 아우구스티누스를 즐겨 읽었다. 소비가 도를 지나치지 않는다면, 노동과 비노동의 우선사항들에 있어 균형을 이룰 기회는 훨씬 많아진다.

35_현명하지 못한 우선사항들

1997년 실시된 한 여론 조사에서, 미국인들 가운데 가장 부유한 1%(적어도 250만 달러 이상의 소득을 올리는 사람들)에게 다음과 같은 행복의 원천들을 위해 얼마나 돈을 쓰겠냐고 물었다.

천국에서의 한 자리	평균적으로 64만 달러
진실한 사랑	평균적으로 48만 7000달러
위대한 지성	평균적으로 40만 7000달러
대통령이 되는 것	평균적으로 5만 5000달러

스트레스와 스포트라이트를 동시에 받는 미국 대통령 직에 5만 5000달러의 금액을 투자한다는 것은 우리들 대부분도 충분히 이해하는 부분이다. 하지만 천국의 한 자리에는 왜 겨우 64만 달러일까? 그리고 그들의 수익 중 나머지 186만 달러는 어디다 쓰려는 것일까?

어느 날 예수님이 한 부유한 농부에 관한 이야기를 들려주었다. 농부는 엄청난 부를 이룬 사람이었다. 자신의 재산과 곡식들을 저장해 둘 장소가 부족했던 그는 이전의 창고들을 모두 부수고 더 큰 창고를 짓기로 결심했다. 그의 말에 의하면 그가 부를 축적하는 목적은 자신이 은퇴할 것에 대비하여 보다 넉넉하게 마련해 두려는 것이었다. 그렇게 하면 '편안히 쉬면서 먹고 마시고 즐겁게 지낼 수 있을 것'이라고 생각했던 것이다. 그러나 예수님의 우화에서 하나님은 농부의 소유욕에 이렇게 대답했다. "어리석은 자여! 오늘 밤에 네 영혼을 도로 찾으리니 그러면 네 예비한 것이 뉘 것이 되겠느냐(「누가복음 12장 20절」)?"

예수는 물질에 대한 소유 그 자체가 아니라 물질에 대한 축적에 비난의 화살을 겨누고 있다. 또한 이것은 신중함에 관한 이야기가 아니라 우선사항들에 관한 이야기이다. 예수는 경청하는 사람들에게 계속해서 말했다. "너희들은 무엇을 먹을 것인가, 무엇을 입을 것인가에 대해 고민하지 말라. 까마귀를 생각하라. 심지도 아니하고 거두지도 아니하며 골방도 없고 창고도 없으되 하나님이 기르시나니."

만일 우리가 우리 자신에게 가장 가치 있는 것에 우선으로 관심을 집중시키고 가진 재산을 쏟아 붓는다면, 그 나머지는 저절로 마련될 것이다.

36_부자와 풍요로운 삶

2000년 「니클로우디언Nickelodeon」과 「타임」지의 공동 주관 하에 미국전역의 9세부터 14세까지의 아이들을 대상으로 실시한 여론조사가 있었다. 이 조사에서 응답자의 23%는 자신들은 가난하면서 행복하기보다는 불행한 부자가 되고 싶다고 대답했다. 참고로 그보다 1년 전에는 그렇게 대답한 응답자의 수가 14%에 불과했다.

사과는 나무 가까이에 떨어진다. 우리의 아이들은 우리와 마찬가지로 멋진 인생을 살고 싶어 하며, 우리는 그들이 그런 갈망을 가지고 있다는 사실에 만족스러워 해야 한다. 그러나 과연 그들이 마침내 행복해질까? 사실상 그들은 우리로부터 부와 만족에 대해 무엇을 배웠을까? 우리는 우리 자신의 본보기를 통해 자라나는 아이들에게 행복한 사람보다는 부자가 되는 게 훨씬 더 좋다고 가르치지 않았는가? 우리는 부와 행복은 같은 혈관을 흘러갈 수 없는 서로 다른 혈액형과 같다고 믿는 우리의 생각을 작은 암시들을 통해 아이들에게 흘려보내고 있지 않은가? 우리가 우리 자신이 기대했던 것보다 훨씬 더 낮게 살아가면서도 기대보다 훨씬 더 나쁘다고 느끼는 것을 우리의 아이들이 이미 눈치 채지 않았을까?

우리가 보는 모든 부자들의 얼굴을 찡그린 얼굴로 표현하는 것은 물론 잘못일 수 있다. 그러나 그것은 아마도 언어 표현의 부정확함 때문일 것이다. 따라서 문제의 핵심은 행복이기보다는 충족감이다. 그리고 이것이 바로 부모이자 성인인 우리들이 오늘날 우리 자신과 싸우는 실체이다. 즉 점점 더 많은 아이들이 충족이란 붙잡기 힘든 것이며, 때문에 돈, 그것도 가능한 한 많은 돈을 거머쥐려 하는 거라고 결론을 내리는 것은 전혀 놀랄 일이 아니다. 부는 일종의 차선책과 같다. 부자들은 충족(여기서 충족은 행복의 동의어)할 수는 없다 하더라도 적어도 돈은 가졌다. 예수는 우리들에게 경고했다. "부자가 하나님의 왕국으로 들어가는 것은 참으로 어려울지니, 실제로 부자가 하나님의 왕국으로 들어가는 것보다 낙타가 바늘구멍으로 들어가는 것이 더 쉽다(「누가복음 18장 24~25절」)." 이는 돈 그 자체가 본질적으로 나쁘거나 사악하다는 것이 아니다. 돈에 대한 집착이 흔히 그 밖의 소중한 것들에 대한 관심이나 열정을 쫓아 버린다는 뜻이다. 행복하거나 충족되는 것, 타인을 돌보는 것, 우리 자신의 영혼을 돌보는 것까지도.

만일 너무 나태하기 때문에 더 잘 살 수 없는 경우라면, 실제로 돈이 문제다. 따라서 이런 경우의 해결책은 빈곤이 아니라 새로운 우선사항들을 설정하는 것이다. 우리의 아이들은 불행한 부자가 되는 것이 단순히 하나의 선택사항이 아니라는 것을 알아야 한다. 현재는 점점 더 많은 아이들이 부를 얻는 대신 불행을 기꺼이 받아들이겠다고 한다. 이는 우리의 가치 등식이 조화를 이루지 못하고 있다는 위험 신호다. 즉 우리가 갈망해야 할 것은 부가 아니라 보다 풍요로운 삶이다.

37_지나치게 많은 선택사항들

1990년대의 경이적인 경제 호황에도 불구하고 미국인들은 자신들이 그 어느 때보다도 최악의 상황에 처해 있다고 느꼈다. 가족, 중요한 가치, 신으로부터 단절된 그들은 더 많은 부를 축적하려고 애썼다. 그러나 이 불만족은 끓어오른 냄비처럼 지금까지도 여전하다. 곧 폭발할 준비를 갖춘 채.

돈이 모든 것을 해결해 준다는 속담이 있다. 이 말이 우리에게 의미하는 것은 부(富)가 분명 우리에게 점점 더 많은 것을 가져다 주는 것은 사실이지만 여전히 많은 측면에서는 우리가 정말로 필요로 하는 것은 가지지 못하고 있다는 뜻이다. 미국 국가이념의 근간을 이루고 있는 자유, 평등, 박애가 위협받고 있는 이유는 바로 여기에 있다. 우리는 보다 일상적이고 세속적인 측면에서 부와 만족간의 차이에 부딪힌다. 내 친구 중 하나는 자기 아내와 어느 토요일 오후 결혼식장에 가고 있었다. 그들은 몇 분 일찍 출발했기 때문에 가는 도중 잠시 다른 일을 할 짬이 있었다. 그들은 자기 집 손님용 욕실에 놓을 플라스틱 비누 곽을 사기 위해 목욕용품점에 차를 세웠다. 가능한 한 빨리 비누 곽을 사서 나가려고 마음먹은 그들은 가게 안으로 뛰어 들어가서 코너를 돌아 곧바로 비누 곽이 진열되어 있는 곳으로 갔다. 그러나 내 친구는 후일 이렇게 말했다.

"우리가 원했던 건 비누를 담아 놓기만 하면 되는 그런 평범한 비누 곽이었어. 그거 하나 사는 것쯤이야 간단한 일일 거라고 생각했지. 몇 푼 되지도 않는 플라스틱 비누 곽 하나를 사면서 고민할 필요가 뭐 있겠냔 말이야. 그런데 우리가 진열 칸으로 갔을 때 나는 너무 놀라 입이 떡 벌어지고 말았어. 글쎄 우리 앞에는 약 75종류나 되는 비누 곽이 산더미처럼 쌓여 있는 거야. 그 때 문득 깨달았지 우리가 잘못 구입할 경우가 74가지나 있다는 걸!"

너무 많은 선택사항들로 인해 방해를 받아 시간이 모자랐던 내 친구 부부는 결국 아무 것도 사지 않고 그대로 가게를 서둘러 나오고 말았다. 지나치게 많은 선택사항은 아주 나쁜 것을 하나 더 보태어 줄 수도 있다. '스트레스'라는 것을 말이다. 무엇인가가 너무 많아도 우리에겐 스트레스가 될 수 있다. 구입할 물건들에 침수 당한 현대인들이 인생의 진정한 본질을 찾기란 그 어느 때보다 힘든 것처럼.

38_완전한 인격

그 때는 최고의 시절이었고, 최악의 시절이었으며, 현명한 시절이었고,
어리석음의 시절이었다.

— 찰스 디킨스(*Charles Dickens, 1812~1870*)

데이빗 마이어스는 자신의 책『미국의 모순: 풍요의 시대에 만
연하는 영혼의 굶주림(The American Paradox: Spiritual Hunger in
an Age of Plenty)』의 첫머리를 디킨스의 문장으로 시작하고 있
다. 1960년부터 평균적인 미국인들의 수입은 배로 늘어났다. 그
리고 이전에 비해 2배 반이나 더 자주 외식을 하게 되었으며, 항
공여행과 햄버거에는 이전보다 돈을 덜 쓴다. 하지만 자녀들이
있고 평균적인 수입을 가진 부부는 1979년에 비해 연간 8주일을
더 근무하며 주중에 자녀들과 함께 보내는 시간은 1969년에 비
해 22시간이 줄었다. 또 이혼율은 2배로 증가했고, 교도소 수감
인구는 5배가 되었으며, 미혼 부모들에게서 태어난 아기들의 수
는 7배로 증가했다. 우리의 지갑은 더 불룩해졌을지 몰라도 우리
의 영혼은 더 야위어진 것이다.

경제 번영은 그 자체의 대가를 치렀다. 그러나 결과에 대해 의
문을 던지는 이는 거의 없다. 사람들은 진부한 일상에서 벗어나
는 것으로 의문을 대신하고, 생활의 단순화는 틀림없이 해답의

일부가 된다. 사실 조화로운 삶의 육성만큼 중요한 것은 없다. 지금 당신은 특별히 지원하고 있는 공동체가 있는가? 당신의 가족을 최우선사항으로 생각하는가? 자신이 정말로 열광하는 것을 위해 시간을 쓰고 있는가? 다른 사람을 돕는 일에 참여하고 있는가? 새로운 것을 배우고 있는가? 영적인 은총을 받아들일 준비는 되어 있는가? 운동은 어떤가? 이 모든 항목들이 언뜻 보기에는 위압적으로 보일 수도 있지만 사실 이 질문들은 가장 절실하고 솔직한 것이다. 삶의 행복은 뿌린 씨앗도 없는 상태에서 불시에 찾아오는 것이 아니다. 우리의 정신적 허기를 총체적으로 충족시켜 줄 수 있는 것은 완전한 인격을 기르는 것이기 때문이다. 많이 드시라.

39_나는 물건을 구입한다, 고로 나는 존재한다

대부분의 현대인들에게 있어 '나는 누구인가, 나는 어떤 존재인가'라는 실존적 명제는 무엇을 구입하는가와 밀접한 연관을 가진다. 스트레스와 근심걱정, 불안을 해소하기 위해 쇼핑하는 경우가 많기 때문이다. 아리스토텔레스는 우리의 기호들은 우리의 인격에서 기인한다고 충고한다. 그러나 소비에 강박적으로 사로잡힌 현대사회에서는 무엇을 살 것인가를 결정하는 것이 인격을 갈고 닦는 것보다 우위에 있다. 우리는 불안감을 해결하기보다는 산처럼 쌓아올린 물건들 아래 불안감을 감춘다.

　나는 음악 CD(Compact Disc)에 지나칠 정도로 탐닉한다. 그래서 나는 내가 완전히 감상하고 이해할 수 있는 것보다 훨씬 더 많은 양의 음악 CD를 구입한다. 그런데 몇 년 전부터는 CD를 보관할 공간조차 부족하게 되었다. 그래서 지금은 각종 CD가 분류도 되지 않은 채 무더기로 쌓여 있다. 무더기 속에는 구입 후 한 번도 듣지 않은 것까지 매우 많은 양의 CD가 있다. 나는 여러 가지 이유로 CD를 사는데 가장 큰 이유는 우선, 말할 필요도 없이 음악을 좋아하기 때문이고, CD를 수집하는 것이 즐겁기 때문이다. 그리고 내 자신을 묻혀 있는 아티스트들을 발견해내는 수집가라고 생각한다. 나는 내가 희귀 음반을 골라내고 새로운 것이든 잊혀진 것이든 간에 항상 색다른 음악을 발견해내는 것에 만족한다. 물론 가장 큰 이유는 정말로 놀라운 노래를 맨 처음 순간 들었을 때 느끼는 전율을 갈망하기 때문이다. 그래서 나는 늘 그 다음에 구입하는 CD에서도 그런 전율을 다시 체험하기를 희망한다. 사무실에서 힘든 하루를 마친 후, 나는 종종 내 자아에 대한 위안으로써 음반 가게를 둘러본다. 게다가 CD를 많이 사는 건 내 자신이 무엇인가에 대해 정통한 사람이라는 것을 과시할 수 있는 하나의 수단이 되어 준다.

　CD구입에 광적으로 매달리는 내 약점을 여러분은 아주 가벼운 결함이라고 생각할지도 모른다. 그러나 인간의 인격이 물질적으로 부패되어 있다는 증거는 아주 큰 과오들을 통해서뿐만 아니라 아주 사소한 결함들을 통해서도 드러난다. 우리들 대부분은 흔히 큰 실수가 아닌 것은 심각하게 여기지 않는다. 하지만 그 결과들은 언제나 충분히 가혹하다. 우리를 더욱 괴롭히는 것은 결과들이 아니라 우리를 시험하는 난관, 물질적인 풍요로 넘쳐 나는 물웅덩이 속으로 즉시 우리를 끌어들이는 큰 매력을 지닌 일상의 유혹들이다.

40_소유에 대한 의무

「월 스트리트 저널Wall Street Journal」지와 NBC 뉴스가 전국적으로 실시한 여론 조사에서 연간 10만 달러 이상을 버는 사람 중 3/4이 자신들은 돈을 운영하는 것보다 시간을 운영하는 것에 더 큰 문제점을 안고 있다고 대답했다. 그리고 이와는 대조적으로 일반 서민에게는 시간보다 돈이 더 큰 문제가 되었다.

최고급 스포츠카를 가진 사람이 자신에게는 즐길 만한 시간이 충분치 않다고 푸념할 때, 우리는 그를 비난하기 쉽지 않다. 그의 상황은 충분히 문제가 될 만하기 때문이다. 그의 말을 다른 한 편으로 생각해보면 대부분의 우리들보다 더 많이 소유한 사람조차 어떤 때는 자신이 우리들보다 더 불행하다고 투덜대고 있는 것이다. 이는 소유란 언제나 의무를 수반한다는 사실을 상기시켜 준다. 더 많이 가질수록 그것을 관리하고 계획하고 돈을 지불하면서 보내야 할 시간은 더 많이 필요하다. 우리가 삶을 물질로 가득 채울 때 우리의 시간은 그에 수반하는 의무들로 어지러워진다. 자동차는 언제나 최상의 상태로 정비되어야 하고, 반짝반짝 윤이 나게 닦아 놓아야 하고, 도난 사고에도 대비해야 한다. 가구들은 먼지를 털고 윤을 내고 손질해야 하며, 그림은 가장 잘 어울리는 곳에 걸려야 한다. 그리고 훼손되지 않도록 관리 역시 신경 써야 한다. 수집품 역시 이곳저곳을 돌아다니며 찾아내고 분류하며 세심하게 관리해야 한다.

음악과 비디오테이프는 늘 정리하고 닦고 틀어야 한다. 옷은 입어보고 구입하고 때로는 교환해야 하며, 집은 계속적인 유지 보수와 함께 가구를 갖추고, 그 안에서 살아야 한다. 우리가 소유할 수 있는 것은 그 어떤 것이라도 우리가 그것을 위한 노력을 하지 않고서는 절대 우리 것이 될 수 없다. 설사 그것을 구입하는 데 드는 노력뿐이라고 해도 말이다. 우리가 많이 소유하면 할수록 해야 할 일 역시 그만큼 많아진다. 따라서 가장 많은 물건을 소유한 사람이 가장 시간이 부족하다는 것은 그리 놀랄 만한 일이 아니다. 이는 멋진 물건들을 비난하는 말이 아니다. 누구나 호화로운 차를 갖고 싶어 하니까. 내가 말하고자 하는 것은, 우리가 소유하기를 갈망하는 것은 그 어떤 것이라도 우리가 그것을 위해 우리의 시간을 내어 줄 준비가 되어 있는 것들이어야 한다는 사실이다.

41_우리가 꿈꾸던 미래는 오늘이 아니다

현대의 유례없는 물질적 번영에도 불구하고 우리 모두는 많은 측면에 있어 수십 년 전의 상황이 지금보다는 더 나았다는 생각에 어느 정도씩은 공감하고 있다.

베이비 붐 세대인 우리들은 미래에 대한 큰 기대들과 더불어 성장했다. 우리 부모 세대의 의욕적인 낙관주의에 휩쓸린 우리들은 미래는 1964년 세계 박람회의 꿈과 같은 것일 거라고 믿으며 자라나 성인이 되었다. 우리는 반들거리는 유선형의 능률적인 현대식 도시에서 살게 될 것이며, 모노레일(Monorail)이나 호버크래프트(Hover Craft: 지면과 수면, 해면에 압축 공기를 뿜어내어 기체(氣體)를 띄우고 나는 에어쿠션 선박)를 타고 돌아다닐 거라고 믿었다. 그리고 테크놀로지에 의한 바이오 강화 물질로 만든 몸에 딱 맞는 점프수트를 입고, 1주일에 겨우 20시간 일하는 동안 집안일은 로봇이 대신 해줄 것이고, 사회문제들은 완전히 일소되어, 새로운 여가시간을 무엇 하며 보낼 것인가 하는 것이 우리의 가장 큰 걱정거리가 될 것이라고 믿었다. 이것은 미래에 대한 희망적 꿈과 바람이었다. 그리고 이 꿈과 바람은 우리를 감동시켰다. 문제점이 없지는 않겠지만 우리는 그 문제들을 한 번에, 그리고 계속해서 처리해 나갈 것이라고 생각했기 때문이다.

불행하게도, 우리가 꿈꾸던 미래는 1964년 세계 박람회처럼 되지 않았다. 대신 미래는 1980년대의 모습으로 변했다. 경제 침체 속에서 끝이 난 10년. 범죄와 총성과 부패의 만연 속에서 우리가 어린시절에 꿈꾸었던 기대들을 갑자기 박살내 버린 10년……. 그리고 우리는 아직까지도 그 여파에서 벗어나려고 노력중이다. 급속히 발전해온 1990년대의 벼락 경기에도 불구하고 우리는 우리가 1980년대 말에 잃어버린 희망과 믿음을 회복해야 한다. 그래서 좋은 시절에 뒤이은 현재에도 우리는 여전히 의심에 차 있고 회의적이다. 한 가지 아이러니한 것은 우리가 하나의 공유된 감성을 가지고 있다는 것이다. 우리는 이전에도 그런 식으로 한번 당했기 때문에 너무 많이 기대하고 즐기는 것을 두려워한다. 그리고 결과, 우리는 우리 부모들이 우리에게 전해 줬던 미래에 대한 드높은 희망들을 우리의 아이들에게 전해주지 않으려 한다.

우리는 진보의 행진에 대해 더 이상 이전과 같은 맹신을 갖고 있지 않다. 우리는 미래가 놀라운 장관을 이룰 것이라고 확신하지만, 마침 그 날이 왔을 때 그것을 보고 정말로 대단하다고 느끼지는 않을 것이다. 그리고 그 결과는 우리의 물질적 풍요와 정신적 건강 간의 뚜렷한 차이다. 우리는 대단히 안락하게 자리잡고 있으면서도 불편함을 느낀다. 그러나 이 차이가 완전히 나쁜 것만은 아니다. 차이는 우리로 하여금 우리의 믿음을 위한 새로운 닻을 찾게 하기 때문이다. 그리고 이 차이는 우리가 번영으로부터 벗어나 내면의 평화를 키울 것을 재촉한다.

우리의 물질주의에 문제가 있다는 게 아니다. 우리가 소유하고 있는 것들과 우리가 느끼는 것 사이의 차이는 유형 자산이 무형적인 만족에 비교되어 측정될 때는 항상 기대에 못 미친다는 사실에서 비롯된다. 문제는 바로 우리가 물질의 축적으로부터 너무 많은 것을 기대했다는 것이다. 물질이 우리를 실망시키는 건 그리 놀랄 일이 아니다. 우리는 물질주의가 분명히 제공할 수 없는 무언가를 제공하지 못했다고 비난할 수도 없다. 그것은 우리의 책임이기 때문이다. 우리는 이제 이 책임을 스스로 떠맡기 시작했다. 후회가 아니라 앞으로 축하받기 위한 하나의 도전 때문이다. 왜냐하면 우리가 물질주의와 조화를 이룰 수 있는 정신성에 대한 인식을 재건할 수 있다면 우리는 가장 값진 유산을 남기게 될 것이기 때문이다. 무엇이 중요하며 결국 무엇이 그 모든 것을 가치 있게 만든 것인지에 대해 더 강력하고, 더 만족스러우며, 더 풍요로운 인식에 토대를 둔 계속적인 물질적 진보라는 유산을.

42_ 이기기 위해 지는 것

캠퍼스와 거리에서 '패배자' 라는 단어가 인쇄되어 있는 티셔츠를 입은 젊은이들이 점점 더 많이 눈에 띈다.

한 때는 조롱이나 연민의 단어였던 '패배자' 라는 단어가 이제는 마법에서 풀려난 X세대들에 의해 흔히 아이러니하고 무례한 유머로 사용되고 있다. 그리고 음악가든 영화제작자든 대중문화에 종사하는 이들 중에는 사회가 자신들을 거부하는 것에 대해 괴로워하기보다 오히려 사회를 비웃는 이들도 늘어 가고 있다. 이들은 자기 부모 세대의 지리멸렬한 삶을 거부했고, 대형 스튜디오를 거부했다. 메이저 집단에 소속되는 것 역시 별 의미를 두지 않고, 가치나 의미에 대한 판단 역시 유보한다. 마치 "그러면 어때서?"라고 말하는 것처럼.

에이미 헤커링(Amy Heckerling)이 감독한 최근의 영화 <아메리카 촌놈Loser>은 이런 사고방식을 잘 보여준다. 자기 자신을 '타고난 패배자' 라고 지칭하는 래퍼 DMX 역시 그러하다. 현재 대중화되고 있는 '패배자들' 에는 확실한 아이러니가 있다. 그러나 거기에는 또한 '승자' 로 평가되는 사람들에 대한 명확한 메시지도 있다. 우리의 성공은 그 대가와 더불어 오는 경우가 너무 많다. 이혼, 빚, 스트레스 등이 그렇다. 그래서 만일 그것이 승리

하는 것이라면 패배하는 것 역시 우리에게 뭔가 가르쳐주는 것이 있다. 아니 어쩌면 인생은 경쟁하는 것이라기보다는 살아가는 것일 것이다.

43_ 덜 소유함으로써 얻는 것들

머크 패밀리 재단이 주관한 1995년의 한 여론 조사에 의하면 미국인의 95%가 자신들이 지나치게 물질 지향적이라고 생각하고 있으며, 82%가 자신들이 필요보다 더 많이 소비하고 있다고 생각한다. 사실상 미국인의 28%는 자신들의 삶에 더 많은 시간과 조화를 가져올 수 있는 직업을 갖기 위해 스스로 연봉을 낮추었다고 대답한다.

미국에는 여가를 즐기는 데 있어 두 가지 부류가 있다. '많은 돈'을 가지고 있는 부류와 '충분한 돈'을 가지고 있는 부류. 그리고 아주 많은 사람들이 자신들은 충분히 가지고 있다고 느낀다. 비록 그들의 실수입이 수백만에는 못 미친다 할지라도. 그들은 자신들의 수입에 충분한 만족감을 느낀다. 이는 돈이 중요치 않다는 게 아니라 이제는 더 이상 돈을 최우선으로 생각하지 않는다는 것이다. 최근의 경제호황의 와중에서조차 자발적인 검소함(해야 할 것들을 신중하게 선택하고 보다 덜 소유하는 삶을 사는 것)

은 많은 이들의 진실이 되었다. 그리고 우리들 중 1/3 가량이 그런 삶을 선택했다. 또 틀림없이 우리들 중 눈에 띄게 많은 이들이 은밀하게 그런 삶을 원하고 있다. 사실 이런 현상은 분명 오늘날의 집단적인 번영의 수수께끼들 가운데 하나다. 사회적으로 계속 경제적 번영이 진행되고 있는 중에 보다 덜 가진 삶을 살려는 의지가 만연해 있기 때문이다.

몇 해 전, 내 친구 하나는 작은 광고 회사를 새로 차려 운영하고 있었다. 그리고 어느 날 이 친구에게 더 큰 회사와 합병할 기회가 찾아왔다. 이는 앞으로 일은 더 많아지겠지만 대신 돈은 훨씬 더 많이 벌 수 있는 것이었다. 하지만 그는 그 제의를 거절했다. 특별한 이유가 있었기 때문이다. 그는 당뇨병을 앓고 있었고, 지나친 스트레스는 건강에 나쁠 거라고 생각했던 것이다. 더 많은 돈을 번다는 건 그만한 가치가 없었다. 그가 이미 많은 돈을 가지고 있어서가 아니라, 현재 버는 돈만으로도 충분했기 때문이다. 그리고 그가 이루어 놓은 것들이 그로 하여금 다른 우선사항들을 돈보다 더 중요한 것으로 생각할 수 있게 해주었다. 비록 그의 상황이 예외적인 경우라 할지라도, 그의 추론의 결과는 예외적인 것이 아니다. 이는 요즈음 우리 사회에 만연해 있는 사고방식이기도 하다. '충분한 정도'를 넘어선 재산을 축적하면서 보낸 시간이 반드시 훌륭하게 보낸 시간은 아니라는 것. 현대인 중 많은 이들이 조금 덜 소유하고 그럭저럭 살아감으로써 인생으로부터 더 많은 것을 얻을 수 있다는 생각에 다다랐다.

44_ 적게 벌면서 성공하는 법

AARP(미국 은퇴자 협회)가 주관한 전국 여론 조사에서 응답자의 1/30이 부자가 되고 싶은 욕망이 없다고 대답했다. 그리고 3/4은 부(富)는 자신들을 무감각하게 만들 거라고 대답했으며, 다섯 명 중 네 명은 부가 자신들을 탐욕스럽게 만들 거라고 두려워했다.

아메리칸 드림은 이제까지 가능한 한 더욱 많이 성공하는 것을 의미해 왔다. 그런데 많은 미국인들이 정작 부자가 되는 것에는 전혀 관심이 없다고 말하는 건 어떻게 받아들여야 할까? 이 말은 억지스러운 오기가 아니다. 여론조사에서 극히 소수의 사람들만이 자신들이 1990년대의 경제적 호황에서 제외된 느낌이라고 대답했기 때문이다. 생각의 변화는 진행되고 있다. "옷이 날개다" 혹은 "부가 인격을 만든다"라는 말이 사라지고, 점점 더 많은 이들이 부를 천한 것으로 보고 있다.

경제적 호황은 간혹 우리로 하여금 우리가 얼마나 만족하지 못하는가를 간과할 수 없게 만들었다. 그리고 과거에는 우리의 불만을 경제의 탓으로 돌릴 수 있었다. 그러나 이제 더 이상 그럴 수도 없다. 우리는 더 많은 돈이 해답이 아니라는 사실뿐만 아니라 많은 측면에서 그것이 상황을 더 나쁘게 만들 수도 있다는 사실을 깨달았기 때문이다. 사실, 어느 실리콘 밸리 타운에서 아주 높은 임대료와 숙박료 때문에 연간 5만 달러를 버는 정식 사원들이 노숙자 보호시설에서 묵어야 한다는 이야기를 들을 때면 무엇인가 매우 이상하다고 느끼지 않을 수 없다.

부자가 되길 원하든 그렇지 않든 우리 모두는 더 큰 집과 더 빠른 차와 더 화려한 물건들에 사로잡히는 것이 지극히 어리석은 일이라는 것에 의견을 같이 한다. 그리고 이 때문에 새로운 아메리칸 드림이 생겨나고 있다. 물론 뉴 아메리칸 드림 역시 여전히 성공하는 것에 관한 것이지만, 더 많이 소유하는 것이 아니라 덜 소유하면서 성공하는 것에 관한 꿈이다. 거대한 물질적 진보를 갈망하지 않는 사람들은 이제 시대에 맞지 않는 사람들이 아니다. 오히려 그들은 그렇지 못한 우리들을 위해 모범을 보이고 있다.

6장 경이

45_카르페 디엠, 현재를 즐겨라!

어린 시절로 되돌아가고 싶은가? 하는 질문을 받았을 때, 펄 벅(Pearl Buck Comfort, 1982~1973. 『대지』로 노벨문학상을 수상한 최초의 여성 작가)은 "아니오, 나는 그동안 너무 많은 걸 배웠기 때문에 그걸 잃고 싶지 않아요."라고 대답했다.

요즘의 광고 문화는 우리에게 새 것이 언제나 더 좋은 것이라는 인식을 주입시키고 있다. 이에 대한 가장 분명한 예는 컴퓨터다. 3년된 나의 노트북은 이젠 시대를 따라잡기가 거의 불가능한 중생대 시대의 고물이 되었다. 그러나 인생에서는 이와는 다른 양상이 나타난다. 나이를 먹어 가면서 자신이 보다 큰 만족감을 얻을 수 있는 것들을 선택하고, 방어태세를 완화시키고, 자기가 싸워야 할 전투를 선택하는 법을 배우고, 관계들을 재발견하고, 자기가 관심을 가지는 것들에 보다 솔직해질 기회가 찾아오기 때문이다. 우리는 나이가 들면서 단지 타인들의 만족을 채우기 위해 일해 왔던 삶에서 벗어난다.

"카르페 디엠(Carpe Diem, 현재를 즐겨라)!" 이 말은 과거를 무시하라는 것이 아니라 과거를 '다시 떠올리라'는 걸 의미한다. 지난 것을 새 것에 적용시켜 보다 총체적인 시야를 가지는 것을 뜻함이다.

'다시 기억한다'는 것은 경험을 되돌아보고 삶을 새로운 양상들과 가치에 따라 바라보는 것이다. 어떤 이들은 나이를 먹어 감에 따라 자신의 은퇴를 유감으로 여기기보다는 오히려 현재와 미래를 의미 있는 것으로 만들어 주는 풍요를 발견한다.

46_조화의 아름다움

가장 훌륭한 예술가들은 돌 속에 숨겨져 있거나 대리석 속에 붙박여 있지 않은 작품을 만들어 낸다. 그리고 그 작업은 사유와 명상을 거쳐 손으로 이루어진다.

— 미켈란젤로(Michelangelo, 1475~1564)

조각가가 작업하는 모습을 보면 자신의 능력을 거리낌 없이 자유롭게 발산하는 것처럼 보이지만 사실 알고 보면 앞에 놓인 돌이 앞으로 기억시키게 될 것과의 조화를 항상 유념하면서 작업한다. 재즈 뮤지션들을 생각해보자. 그들은 자유롭게 즉흥연주를 하지만 언제나 기본 멜로디에 충실하다. 또 이와 유사하게 건축가는 경관과 건물이 전체적인 조화를 이루도록 한다. 건물만으로는 충분하지 않기 때문이다.

많은 예술에는 그 작업과 미학적이고 거의 영적인 매개체 사이에 정립된 하나의 관계가 있다. 그리고 그런 미학들은 예술에만 국한되는 것이 아니다.

내 아버지는 건축공학 사무소를 운영하고 있는데 그 일은 과학적인 분석을 전적으로 요구한다. 아버지는 과학적인 분석에 앞서 우선 설계도를 눈으로 들여다보며 설계가 전체적인 조화를 이루고 있는지 그렇지 못한지 머릿속으로 시각화시킬 수 있어야 한다고 한다. 그것은 일종의 미학적 판단, 즉 그 설계가 전체적으로 얼마나 적절하게 어울리는지 묻는 것이다.

경영간부들 역시 모든 단계들을 분석적으로 상세히 설명할 수 있기 전에 하나의 문제에 대한 해결책을 시각화하는 경우가 많다. 분석적인 설명은 나중 일이다. 과학자들 역시 그와 비슷하다. '일'은 더 큰 전체의 부분으로 보여 질 때 가장 유효하게 작용한다. 미켈란젤로가 옳았다. 사유와 명상은 일보다 앞서며, 우리의 일을 안내한다.

47_전체를 들여다보는 습관

콜로라도 강의 급류는 그랜드 캐년을 만들었다. 그리고 그것은 시간을 따라 계속해서 형태를 변형시켜 나간다. 그랜드 캐년은 데이비드 브라워 (David Brower, 1912~2000)의 표현대로 그야말로 '흐르는 시간과 강'에 의해 형성되어 왔다. 1903년, 시어도어 루즈벨트(Theodore Roosevelt, 미국의 26대 대통령)는 그랜드 캐년의 경이로운 자연적 아름다움을 생각하고 개발 계획을 중단했다. 그는 인간들이 세월의 작업을 더 낫게 만들 수 없다고 생각했던 것이다.

나는 그랜드 캐년의 낸코위프(Nankoweap) 삼각주 위, 500피트 높이의 절벽 속에 숨어 있는 고대 아나사지 인디언 부족의 곡물 저장 창고에 여러 번 가 봤다. 그 지방 출신의 인디언 가이드들의 설명에 의하면 노출과 적들로부터 곡식을 보호하기 위해 그런 곳에 곡물 저장 창고를 만들었다고 한다. 매번 찾는 동안 내 눈은 가이드의 설명은 뒤로한 채 콜로라도 강의 먼 경치를 배회했다. 강줄기는 저 아래로 아주 조그만 띠처럼 보이는 강 속으로 큰 소리를 내면서 흘러가기 위해 낸코위프 주위로 연속적으로 변해 가는 거대한 흐름을 이루고 있었다. 그것은 숭고함을 느끼게 하는 장엄한 전망이었다. 누구나 이런 경험을 해본 적이 있을 것이다. 누구나 이와 비슷한 장소에 있어 본 적이 있을 테니까. 모든 것을 전체적인 전망 속에서 바라보게 하면서 정신없이 분주한 나날 속에 간과하기 쉬운 것을 우리에게 다시 상기시켜 주는 장소. 사실상 나는 낸코위프에 서 있을 때면 언제나 아나사지 부족이 일하고 생활하기 위해 이곳으로 이주해 왔던 진정한 이유는 우리들의 이유와 다를 바 없다는 생각이 들었다. 그리고 우리의 이유는 상당히 솔직하다. 우리는 단지 그 강물처럼 모든 걸 흘려보내는 것이다.

삶이 이처럼 멋져 보일 때, 우리는 삶에 대해 느긋한 기분을 느낀다. 우리가 우리 앞에 펼쳐진 자연을 그처럼 원대하고 장엄한 시각으로 바라볼 때, 우리 자신의 삶 또한 원대하고 장엄하게 느껴지는 것처럼. 그러나 그런 장엄함을 보기 위해서는 일로부터 고개를 들어 자신의 삶을 들여다봐야 한다. 바로 그것이 그랜드 캐년이 내게 해주는 것이다. 그리고 바로 그 때문에 나는 계속 그곳으로 되돌아간다. 나는 아나사지 인디언 부족이 살았던 그 장소로 도보 여행을 하면서 다시 한 번 더 그 경관 속에 젖어 들고 싶다.

휴식 있는 삶을 위한 지혜 *02*

1장 **휴식**

48_행복은 우연히 찾아온다

이 세상에서의 행복은 우연히 찾아온다.

행복을 목적으로 정하라. 그러면 우리는 가망이 없는 희망을 쫓다가 결국 행복에 도달하지 못할 것이다. 다른 목적을 추구하라. 그러면 행복을 꿈꾸지 않고도 어느새 자신이 행복을 잡았다는 것을 발견할 수 있다.

– 나다니엘 호손(*Nathaniel Hawthorne, 1804~1864*)

앤드류 델반코(Andrew Delbanco)는 도발적인 어조로 다음과 같이 말했다. "토마스 제퍼슨이 존 로크의 인간 권리에 대한 목록 중 마지막 항목(삶, 자유, 그리고 번영)을 삭제하고 대신 새로운 국가의 좌우명이 될 '행복의 추구'를 그 자리에 대체한 이래, 행복 사업은 거대한 사업이 되어 왔다."

호손이 옳다. 행복은 우연히 찾아오는 것이다. 지난달 당신에게 만족감을 가져다준 순간들에 대해 곰곰이 생각해보라. 한 가지 일이 훌륭히 성취되었다, 우정이 돈독해졌다, 자녀와 포옹을 나누었다 등등. 각각을 위한 동기부여의 과정은 행복한 삶이 아니었지만, 결과적으로는 훌륭한 삶을 산 것이다. 행복은 부차적인 결과일 뿐이다.

49_혼자 있는 시간을 갖자

월스트리트 저널과 NBC뉴스 주관 하에 실시된 전국 여론 조사에서 응답자의 31%가 혼자 있는 시간을 더 많이 원했고, 혼자 있는 시간을 줄이고 싶다고 대답한 사람들은 불과 6%였다.

이 여론 조사 결과가 과연 믿을 만한 것인지는 모르겠다. 그러나 어쨌든 약간의 이탈은 때때로 우리에게 약이 될 수 있다. 예수는 40일 동안 혼자 사막을 방랑했다. 그리고 그는 새로운 목적과 믿음을 얻어 돌아왔다. 우리가 혼자 있는 시간 역시 그와 같은 갱신과 부활의 힘을 가질 수 있다. 그러나 우리는 일상생활에서 그런 기회를 그다지 가지지 못한다. 우리 주변의 모든 것들이 우리의 관심을 요구하고, 참여를 간청하며, 우리 자신으로부터 우리를 떼어놓으면서 힘껏 끌어당기고 있기 때문이다.

10년 전 나의 출근 시간은 내게 20분간의 여유를 제공해 주었

다. 그래서 그 시간 동안 나는 그 날 하루에 대해 미리 숙고해보
거나 사무실에서 내 의견과 생각들을 엄격한 틀에 맞추어 이끌고
나가기 전에 생각들을 자유롭게 굽이쳐 흐르게 할 시간을 가졌
다. 그러나 현재 나의 출근 시간은 신경이 곤두선 운전자들, 건
축공사현장들로 인한 우회, 내 주의를 끌기 위해 요란스럽게 비
명을 질러 대는 거리의 표지판들과 광고들로 벅적대는 일대 혼란
의 시간이다. 때문에 나는 내가 내 자신을 위해 가지곤 했던 하
루의 그 작은 한 부분을 잃어버렸고, 그 때보다 더 길어진 출근
시간은 다른 사람들과 언쟁하면서 보내는 시간으로 바뀌었다. 나
의 출근길은 이제 많은 인내와 주의력을 요구하는 험난한 여정이
되어 버렸다. 혼잡한 도로를 운전하면서 골똘한 생각에 잠기는
것은 위험천만한 일이기 때문이다. 게다가 내 자신을 위한 그 짧
은 시간을 잃게 된 나는 활력을 되찾는 대신 신경이 곤두선 상태
로 직장에 도착한다. 그리고 대체로 하루를 씁쓸한 기분으로 시
작한다.

나는 차선책으로 오전에 짧은 휴식시간을 일과표에 만들어 넣
었다. 그래서 일단 사무실에 도착하면 일을 시작하기 전에 마음
을 가다듬는다. 내가 다른 사람들을 위해 최선을 다하려면, 우선
내 자신에게 최상의 활력을 불어넣기 위한 약간의 여유가 필요하
기 때문이다. 먼저 내 자신을 돌봐야만 타인들을 돌볼 수 있기
때문이기도 하다. 혼자 있는 시간은 단지 공허함이나 자신만을

위해 가지는 시간이 아니다. 그것은 타인들에게 무엇인가를 되돌려 줄 수 있는 시간이기도 하다.

50_ 수면 부족의 시대에 살고 있는 우리들

수면척도(ESS)는 졸음점수를 측정하는데 널리 쓰인다. 이 테스트는 검사 대상에게 독서를 하거나, TV를 시청하면서, 혹은 공공장소에 앉아 친구들과 대화를 나누면서, 차 안에서 등에 이르기까지 여러 상황에서 얼마나 쉽게 졸음에 빠져드는가를 묻는다. 즉 여러 상황들에서 깨어 있기가 어려운 사람일수록 수면장애에 더 많이 시달린다. 그리고 사실상 질문 받은 상황들 중 각각의 상황에서 졸음에 빠질 가능성을 누그러뜨릴 수 있는 정도의 가벼운 졸음이라 할지라도 우려할 만한 수면장애에 해당한다.

나 역시 수면척도 검사를 받아 보았다. 결과는 검사에 필요한 질문들에 답하는 동안 내 눈이 스르르 감길 거라는 것이었다. 그리고 내가 수면척도에 관해 깨달은 한 가지 사실은 그 상황들 전부가 우리가 앉아 있는 상태에서의 상황들이라는 것이다. 즉 만일 선 채로 잠이 드는 사람이라면 자동적으로 낙제점수를 받을 것이었다. 이 테스트에서 진짜 문제는 우리가 똑바로 앉아 있는 동안 깨어 있을 수 있느냐 없느냐 하는 것이다.

대학원에 다니는 동안 나는 많은 신입생들을 가르쳤다. 그리고 거기서 내가 터득한 한 가지 요령은 많은 학생들이 꾸벅꾸벅 졸거나 강의실을 나가거나 다른 걸 하고 있다 하더라도, 그냥 그 사실을 무시하고 그대로 수업을 계속 진행해가는 것이다. 이것은 다시 말해 오늘날 부정적인 피드백이 더 이상 내게 어떤 영향도 미치지 않는다는 것이다. 내가 무엇을 하든 그 일에서 어떤 일이 일어나든, 나는 단지 그걸 무시하고 계속 앞으로 나아가는 것이다.

이와 유사하게 우리는 우리 주변의 지친 표정들 속에 떠올라 있는 수면장애 증상에 너무 익숙해져 있다. 다만 우리가 그 사실을 무시하고 있을 뿐이다. 사람들이 자리에 앉자마자 금방 깊은 잠에 빠져드는 것을 우리는 이제 더 이상 이상하다고 생각하지 않는다. 우리 자신도 그런 사람들 중 하나이기 때문이다. 그리고 앉은 상태에서 깨어 있는 것은 오늘날에 있어 하나의 능력이다. 우리는 우리가 뭔가를 놓치고 있다는 사실을 유감스럽게 생각하는가? 우리가 앉아서 졸 때 인생이 우리를 스쳐지나간다고 걱정하는가? 잠을 자는 동안 뭔가를 보거나 행동할 일생일대의 기회를 놓칠 거라고 초조해 하는가? 아마 그럴지도 모른다. 그러나 문제는 전반적으로 이 부정적인 피드백을 무시하고 언제 어디서든 가능하기만 하다면 잠시라도 눈을 붙이려 하는 지경에 이르러 있다는 사실이다. 우리는 수면 부족 그 자체에 관해서가 아니라 수면 부족이 당연시되는 생활을 함으로써 많은 것들을 잃어버리고 있다는 사실에 관해 반성해야 한다.

51_점심시간을 즐겨라

1996년의 한 조사에 의하면 우리들 중 39%는 더 이상 진정한 점심 휴식시간을 갖지 못하고 있다. 또 1997의 한 연구에 의하면 근로자의 55%가 15분 안에 점심식사를 끝낸다. 그리고 1996년의 다른 연구에서는 점심을 먹기 위해 1시간 또는 그 이상을 소요하는 근로자는 불과 12%밖에 되지 않는다는 사실이다.

한 손에 먹을 걸 든 채 계속 일을 하거나 아예 점심을 먹지 않는 사람들이 점점 더 늘어 가고 있다. 우리는 급히 먹는다. 특히 주중에 근무하는 동안은 더욱 그렇다. 우리는 실제로 이제 더 이상 점심식사를 위한 진정한 휴식시간을 갖지 못하고 있다. 단지 점심시간에 맞추어 약간의 틈을 낼 뿐이다. 그리고 그 시간 동안에도 음성메시지, 전자메일, 정기적인 우편물을 확인하고, 걸려온 전화에 답을 하고 지난 번 회의의 결과보고를 듣고, 다음 회의를 위해 슬라이드들을 체크한다. 또 그 날의 나머지 시간을 위한 계획을 훑어보고, 마지막으로 식사를 한다. 그런데 점심시간을 놓치면서 그 시간을 놓친다는 사실에 어떻게 화를 낼 수 있을까? 어떻게 대수롭게 여길까? 그러나 한 가지 분명한 사실은 이제까지의 점심시간은 경영인들 사이에 유대관계를 위한 일종의 관례적 의식이었다는 것이다. 점심시간이 저녁식사시간보다 훨씬 더 사교성을 띠고 있고, 먹는 것보다는 모임에 더 큰 의미를 두고 있기 때문이다. 그리고 우리가 직장에서 일에 전념하느라 잃어버린 것은, 한 끼의 식사보다는 사회적 연결을 위한 하나의 기회이다. 성공에 대한 굶주림이 우리의 인간관계들을 굶겨 죽이고 있다.

우리에게 필요한 것은 어쩌면 점심 그 자체가 아니라 약간의 점심시간, 우리의 생활로 되돌아갈 약간의 시간이다. 내가 최초로 입사한 직장은 아내와 내가 살고 있던 아파트와 가까웠다. 그래서 나는 매일 집으로 가서 점심을 먹을 수 있었고, 가벼운 식사를 하는 그 짧은 시간 동안 우리 부부는 그 날 하루를 공유할 수 있었다. 그러나 내 작업 스케줄이 점점 바빠지고, 특히 출장 스케줄이 빈번해지자 점심시간에 집으로 갈 수 없었다. 그렇게 몇 년이 흘러갔을 때 우리는 우리 자신을 위해 가졌던 그 약간의 시간을 그리워하기 시작했다. 우리는 특별하고 친밀한 무엇인가를 잃어버린 것 같은 기분이 들었다. 그래서 최근에 우리는 우리가 잃어버린 것을 되찾기로 결심했다. 물론 점심시간에 서로의 시간을 맞추어 함께 식사하는 건 불가능한 일이다. 대신 요즘 우

리는 1주일에 한 번씩 저녁 외출을 하고 있다. 일단 날짜가 정해
지면 그 데이트는 어떤 일이 있어도 깨뜨릴 수 없다. 우리는 그
날을 중심으로 우리의 스케줄을 편성하고 있으며, 데이트 시간
을 이용해 함께 하지 못했던 시간들을 만회하고 있다. 그것은 비
록 점심시간은 아니지만 우리가 우리의 삶으로 되돌아간다는 의
미에서는 일종의 '점심시간' 이다. 그리고 그 시간을 통해 우리는
우리의 관계에 있어 매우 중요한 것을 키워 나가고 있다. 우리가
아주 오래 전에 우리의 관계를 가꾸었던 그 방식으로.

2장 **성실**

52_진정한 공격성

메이저리그 야구 심판인 래리 영(Larry Young)은 언젠가 이렇게 말했
다. "오프 시즌 때 스페셜 올림픽(정신지체장애우를 위한 올림픽. 올림픽, 장
애인 올림픽과 더불어 국제 올림픽위원회가 인정하는 3대 올림픽 중 하나) 농
구 심판으로 일하다 보면 그 밖의 어떤 스포츠 경기에서도 맛볼 수 없
는 경험을 하게 된다. 다른 종류의 경기들에서는 선수들의 고함과 야유
를 참아야 하는데, 스페셜 올림픽 선수들은 오히려 경기가 끝난 후에
나를 껴안는다."

나는 기선을 제압하고 타인들로부터 이익을 끌어내는데 이력
이 난 인물이다. 언어적 테러는 내가 가장 좋아하는 협박도구다.
어느 날 월요일 오전 비행기를 탔을 때 기체가 아주 심하게 흔
들리면서 불안정한 이륙을 했다. 그래서 나는 비행기 안에서 좀
티 나게 투덜댔었다. 그런데 그 다음 날 항공사에서 근무하는 내

고객이 내게 전화를 걸어 무슨 일이 있는 것 같은데 어떻게 되었느냐고 물었다. 나는 그녀가 내게 어떤 문제가 있다는 걸 알고 있다는 사실에 놀랐다. 그래서 나는 그걸 어떻게 알았는지 되물어 보았다. 그녀의 말로는 내가 비행기 안에서 독설을 계속 퍼부었기 때문에 그 항공회사의 데이터베이스에 경고 표시가 되었었다는 거였다. 나는 너무 놀라서 말이 나오지 않았다. 왜냐하면 나는 욕설이나 언성을 높이지 않으려고 항상 특별히 신경을 쓰기 때문이었다. 아마도 나는 여러 가지 다른 이유들(초조한 기색, 목소리의 톤, 빈정거림)로 그 데이터베이스의 블랙리스트에 올라간 것 같았다. 그 일로 나는 내가 다른 사람들에게 어떤 인상을 주는지에 대해 다시 생각해보게 되었다. 그리고 단순히 인상을 찌푸리는 것이 강력한 펀치를 날리는 것만큼이나 상대방에게 상처를 줄 수 있다는 걸 깨달았다. 이 문제는 내 아내가 다시 직장생활을 시작하게 되었을 때 훨씬 더 선명하게 부각되었다. 나는 갑자기 어떤 고객이 내 아내에게 내가 과거에 서비스 기관의 직원들에게 아무 생각 없이 퍼부어 대던 말투로 대하지 않을까 걱정되었다. 그때서야 비로소 나는 내가 과거에 매정하게 대했던 모든 사람들이 누군가의 아내이거나 어머니 뜨는 누이 동생이라는 사실을 깨달았다.

나는 내 자신을 뒤돌아보면서 현재의 내 모습을 정당하게 평가하고, 일부러 일을 망치려고 하는 사람은 거의 없다는 사실을 인정하기 시작했다. 화를 내는 것은 정직한 실수들에 대한 잘못된 반응이다. 나의 공격성은 방향이 잘못되었고 그래서 역효과를 낳았다. 나는 일을 더 낫게 만들지 못한 것은 물론이고 내 자신을 계속 괴롭히면서 내가 행복과 희망의 씨앗을 심었어야 할 때 불행을 퍼뜨려 왔을 뿐이었다. 이제는 그 어떤 상황에서든(누가 옳은지, 결과와는 상관없이), 내가 누군가를 위축시키거나 굴복시키려 할 때면 나는 내 자신에 대해 심한 역겨움을 느낀다. 내가 누군가를 미소 짓게 만들고 있을 때, 비로소 내 자신도 기분 좋은 미소를 머금을 수 있다.

53_ 스스로를 파괴하다

자, 우리가 스스로 도시를 짓게 하라. 그리고 그 꼭대기가 하늘에 다다르는 탑을 세우게 하라. 그리고 우리가 우리 자신을 위한 이름을 짓게 하라.

－「창세기 11장 4절」

바벨탑에 관한 성경 이야기는 '그 꼭대기가 하늘에 다다르는' 탑의 건축에 관해 묘사하고 있다. 여기서 이야기하고 있는 것은 인간의 한계를 초월해 신의 능력에 도전하여 아주 위대한 일을 하려는 인간의 오만함에 관한 것이다. 그 결과 신은 그들의 작업을 우상숭배라고 판단한다. 이 노동자들은 그리스 신화에 나오는 이카로스와 닮았다. 이카로스는 자기 손으로 만든 날개를 달고 태양에 너무 가까이 다가간 탓에 밀랍이 녹아 죽음에 이른다. 두 이야기 모두 인간이 신처럼 되기 위해 계속적인 시도를 한다는 것을 말하고 있다. 이 노동자들은 타인들에게 봉사하기보다는 자신들의 능력을 증명하는 일에 혈안이 되어 있다. 자기중심적이 되는 건 얼마나 쉬운가. 그리고 우리의 일이 소명이라는 것을 잊어버리기는 또 얼마나 쉬운가.

54_자기 자신을 속이기

1990년대의 경제호황을 통해 비즈니스 세계에서는 특이할 만한 부산물 하나가 파생되었다. '속임수'가 그것이다. 통행료를 지불하지 않는다, 음식점에서 계산하지 않는다, 골프 비용을 지불하지 않는다 등, 비용을 지불하지 않고 누리기만 하는 것이다. 즉 자기는 단지 누리기 위해 그곳에 있다는 식의 태도, 그것은 보다 공격적인 일련의 기대치들과 자신에게는 그럴 만한 자격이 있다는 생각에서 기인한 행동이다.

1990년대의 급격한 경제호황의 진실은 "우리가 원하는 것을 얻기 위해서는 그것이 필요로 하는 것을 하라"였다. 그러나 때때로 우리는 마치 이 말이 "그것이 필요로 하는 것은 뭐든지 하라"라는 의미인 것처럼 행동했다. 사실 이 둘은 같은 것이 아니다. 열심히 일하는 것과 그것이 필요로 하는 바를 하는 것은, 규칙을 어기고 그것이 필요로 하는 것은 뭐든지 할 권리를 우리에게 허용하지 않는다. 그런데 1990년대가 지난 이후로 우리 경제는 다시 급격한 사양길로 접어들고 있다. 이 비탈길에서는 뭔가를 빨리 확보하기가 점점 더 어려워진다. 우리는 경쟁에서 이기는 비결을 알고 있는 사람들을 부러운 눈초리로 바라본다. 그리고 우리도 그렇게 되기를 원한다. 그러나 그것이 우리가 가장 가치있다고 생각하는 것일 때, 우리는 그 밖의 모든 것에 대한 존경심을 잃어 가기 시작한다. 사실상 지름길로 가는 사람들에 대해 우리가 가장 기분이 상하는 것은 바로 우리가 그들에게 졌다는 사실일 것이다. 그들이 합법적으로나 도덕적으로 결승점을 통과했느냐 그렇지 않으냐는 거의 문제가 되지 않는다. 우리가 오늘날 어떻게 줄을 서서 기다리고 있는가를 보라. 우리는 참을성 있게 기다리지 않는다. 우리는 직위와 이익을 위해 속임수를 쓴다. 그리고 누군가가 우리 앞을 뚫고 나아갈 때, 우리는 그 사람의 반칙적인 행동에 평정심을 완전히 잃어버리기도 한다.

우리가 원하는 것을 이루기 위해 어떻게 해야 할까? 나와 같은 비즈니스 여행자들은 여행 중에 남들보다 더 우수한 서비스를 받고 자신의 품격을 유지하는 것에 대단히 신경을 쓴다. 그것은 우리가 하는 여행의 양과 직접적으로 관련이 있다. 여행을 많이 할수록, 서비스가 더 좋아지고 고객으로서의 품격이 높아진다. 그러나 대부분의 비즈니스 여행자들은 자기가 이코노미 클래스(Economy Class: 비행기 일반석)를 이용한다면 여행으로 인한 피곤이 훨씬 더 많이 누적되고 그래서 결과적으로 가족과 보낼 시간이 더 줄어들 것이기 때문에 그걸 이용하지 않는 거라고 생각한다. 하지만 솔직히 말해 일등석이 훨씬 더 좋기 때문이 아닌가? 마찬가지로 비싼 호텔 방이 훨씬 더 안락하고 대형 렌트카가 훨씬 더 편안하기 때문이 아닌가? 나 역시 그런 자기합리화의 늪에 빠져 있었지만, 이제 더 이상 내 자신을 속이지 않으려 노력한다. 내가 보기에 우리가 규칙에 따라 플레이한다 하더라도, 뭔가 조금이라도 특별히 더 좋은 것을 잡기 위해 손을 뻗으려 할 때 흔히 우리가 가장 많이 속이게 되는 사람은 바로 우리 자신인 듯하다.

55_완전한 신뢰의 힘

애완동물을 기르는 사람들에 관한 전국적인 조사에 의하면, 87%가 애완동물의 생일을 기념해주고, 75%가 자신의 애완동물이 평균 이상의 지능을 가지고 있다고 생각한다고 한다. 또 65%가 애완동물을 위해 노래나 춤을 추고, 53%가 애완동물을 돌보기 위해 직장에서 짬을 내며, 43%가 애완동물의 사진을 직장 책상에 전시해 두고 있다고 한다.

우리 집 얼룩고양이 프레드는 높은 곳을 좋아한다. 좀더 어리고 동작이 날쌨던 시절, 프레드는 우리 집 지붕 위로 기어 올라가서 우리가 위를 올려다보고 아는 체 해줄 때까지 큰 소리로 야옹거리며 울어대곤 했다. 그리고 우리가 손님들과 현관 베란다에 앉아 있을 때면, 프레드는 모여 있는 사람들 속에 끼고 싶어서 처마 위에서 아래쪽으로 몸을 뻗곤 했다. 어떤 때는 낮잠을 자기 위해 지붕의 홈통 속에 바짝 웅크리고 있을 때도 있었다. 어느 여름 날 오후, 내 아내 조이가 뒤뜰에서 화단을 손보고 있을 때였다. 조이는 지붕에서 들려오는 프레드의 소리를 듣고 프레드에게 말을 하려고 위를 올려다보았다. 그런데 아내가 그곳에 서서 말을 하는 동안, 프레드가 갑자기 지붕에서 아내의 품으로 곧장 뛰어내리는 게 아닌가! 전에는 프레드가 이런 행동을 한 적이 한 번도 없었다. 그래서 아내는 프레드의 갑작스러운 행동에 깜짝 놀랐다. 다행스럽게도 아내가 제 때에 팔을 벌려 무사히 프레드를 받아 낼 수 있었지만, 한 순간 아내는 무턱대고 뛰어내리는 프레드의 돌발적인 점프에 놀라 어안이 벙벙했다. 그러나 그건 프레드가 그녀를 완전히 신뢰하고 있다는 것을 보여준 행동이라는 것을 이내 깨닫고 감동했다.

우리는 바로 이런 이유에서 애완동물을 사랑한다. 동물들의 무조건적인 신뢰와 애정, 애완동물은 그들이 갖고 있는 사랑의 감정을 있는 그대로 표현하여 우리를 감동시킨다. 그리고 우리는 그들에게 사랑을 되돌려 준다. 이것은 대단히 가치 있는 방정식이다. 무조건적인 사랑이라는 선물로 시작되는 방정식. 나는 간혹 우리 인간들이 애완동물들처럼 행동한다면 좀더 잘 살아갈 수 있지 않을까 의문을 갖는다. 그게 아니라면 우리가 "서로를 사랑하라"는 오래된 권고를 따르며 살아가려 노력할 때 물질적인 번영은 훨씬 덜 하겠지만 정말로 가치 있는 삶을 살 수 있을 것이라고 생각한다.

56_즐거운 비즈니스

직장을 보다 재미있는 곳으로 만드는 것이 또 하나의 심각한 문제로 대두되고 있다. 500개의 대기업들이 작업환경을 보다 여유롭고 즐거운 일터로 개조하기 위해 직장환경 전문 컨설턴트들을 고용하고 있다.

여러분은 직장에서 얼마나 즐거울 수 있을까? 결국 사람들이 흔히 말하는 것처럼 바로 그 때문에 그걸 '일'이라고 부르는 것이다. 사실, 사무실 주변에서 편안하게 긴장을 푸는 것으로 업무 능률을 더 높일 수 있을까? 결론부터 말한다면 대답은 예스다. 생산성에 관한 연구들은 '명랑한 작업환경이 가져오는 이익'이 최종결산에 직접적인 영향을 미친다는 사실을 명백하게 보여주고 있다. 어떤 회사라도 각 사원의 창의적인 아이디어들은 이익을 창출하는 최대의 활력소로 작용하고 있다. 그런데 창의성이라는 것은 친근하고 편안한 환경에서 가장 잘 길러지고 효력을 발휘한다. 그러나 대부분의 회사들의 경우, 조직체를 그처럼 전적으로 새로운 환경으로 변화시키기는 힘들다. 유머를 최고의 우선사항으로 만드는 것은 사실상 간단한 문제가 아니기 때문이다. 유머는 우리들 각자의 몫이다. 우리는 유머를 문 안으로 가지고 들어와서 우리의 일터에 보다 멋진 유머, 누구나 단번에 웃을 수 있는 유머를 선사해야 한다.

직원회의를 시작할 때면 나는 직원들이 내가 제시하는 높은 기준의 목표에 따라 성과를 올릴 수 있도록 하기 위해 그에 대한 실제적인 한 가지 사례를 들려주는 것으로 회의를 시작하곤 한다. 그 결과 우리 직원들은 경쟁상대들보다 항상 앞설 수 있었다. 그러나 어느 신문에 나를 당황하게 만든 기사가 실렸던 그 날 아침까지, 나는 내 운영방식 때문에 직원들이 정신적인 피해를 입고 있다는 걸 전혀 깨닫지 못하고 있었다. 익명의 누군가가 내 사무실로 보내온 그 기사는 직원들을 괴롭힌다는 이유로 고소당한 한 경영자에 관한 내용이었다. 그 신문을 보낸 사람은 그 경영자가 한 부하 직원에게 직원회의가 진행되는 동안 무릎을 꿇은 상태로 책상 밑에 앉아 있게 하는 것으로 벌을 주었다는 기사의 단락에 동그라미를 쳐 표시해 놓았다. 내 직원들 중 누군가가 대담하게 내게 그 기사를 보낸 게 분명했다. 왜냐하면 그 기사를 내게 보낸 것은 내가 어딘가 신문에 난 그 경영자와 똑같은 측면이 있다는 것을 암시하는 것이기 때문이었다. 나는 기사를 다시 읽었다. 그리고 거기서 묘사된 내용의 완벽한 부조리에 갑자기 웃음이 터져 나왔다. 나는 내 직원들이 내가 강요한 높은 기준의 목표들에 스트레스를 받은 게 아니라 단지 나라는 존재에 스트레스를 받고 있다는 것, 그래서 그 기사를 통해 나에게 화풀이를 하여 기분전환을 하려 했다는 걸 깨달았다.

나는 그 신문 기사를 다음 직원회의 때 들고 가서 뭔가 새로운 것을 시작하겠다고 공표했다. 나는 회의실 안에 불안이 감도는 것을 느낄 수 있었다. 그리고 나는 앞으로 내가 여러분들에게 과도한 목표 달성을 요구할 때마다 직원회의가 진행되는 동안 회의실 탁자 밑에 무릎을 꿇고 앉아 있겠다고 말했다. 그리고 앞으로는 내가 여러분들에게 정당한 요구를 하는지 그리고 여러분들의 업무수행과 결과를 공정하게 평가하는지 직접 결정하게 될 것이라고 말했다. 그렇게 말하면서 나는 그 기사를 게시판에 붙여 놓고 의자에 털썩 주저앉았다. 잠깐 사이였지만 내가 내 스스로 제안한 그 우스꽝스러운 벌은 서서히 직원들의 긴장을 풀어 주었고, 이윽고 모두가 큰 소리로 웃었다. 그들은 내가 앞으로 내 자신의 태도를 변화시킬 새로운 기회를 그들에게 요청하면서 비유적으로 한쪽 무릎을 꿇었다는 걸 알아차렸다.

그 직원회의 이후 우리의 업무성과는 이전보다 훨씬 더 향상되었다. 직원들은 자발적으로 이전보다 훨씬 더 높은 성과를 올리기 위해 더욱 진취적으로 자신이 맡은 업무를 추진해 나갔다. 그것은 우리 모두가 성공을 위해 함께 노력해 나가는 과정에서 공통분모를 가지고 다 같이 함께 웃을 수 있기 때문에 가능한 일이었다. 우리들은 각자 날마다 유머를 조금씩 사무실로 가져온다. 우리는 그 유머를 서로 나누고 그것으로부터 일에 대한 의욕, 팀워크, 성장의 거미줄을 더욱 단단히 짜고 있다.

3장 노동

57_10초의 여유가 필요할 때

세계은행이 주최한 건강에 관한 한 연구에 의하면 비즈니스 여행자들이 여행 중에 받는 스트레스와 근심, 우울증을 치료하기 위해 보험금 지급 청구를 제출하는 비율은 비 여행자에 비해 3배나 높다고 한다.

언젠가 나는 장기간의 비즈니스 출장을 마치고 비행기에서 내렸다. 주차 요금을 지불하기 위해 늘어서 있는 줄은 매우 느렸고, 그 때문에 그 전 주에 내가 실패했던 일들이 하나 둘 되살아나기 시작했다.

우울한 기분에 잠겨 있던 나는 출납원이 내 앞의 운전자가 내민 수표를 확인하기 위해 잠시 사무실에 다녀오겠다고 하는 소리를 들었다. 마침내 짜증이 폭발했다. 도대체 어떤 작자가 공항 주차비를 수표로 지불한단 말인가? 이건 너무 심하지 않은가! 바로 그 때 새로운 레인이 열렸다. 나는 그 레인으로 건너가기 위해 차를 후진하고 갑자기 속도를 올렸다. 그런데 너무 격렬하게 방향을 트는 바람에 내 차는 옆길로 뛰어들어 출납원 바로 앞의 측벽을 들이받고서 튕겨져 나왔다. 출납원 직원은 손을 입으로 가져간 채 눈을 동그랗게 뜨고 나와 내 차의 앞부분을 노려보고 있었다. 그러나 과단성 있게 밀어 붙이는 것을 전문으로 하는 유능한 비즈니스 전문가인 내가 그 정도 일로 중도에서 포기해서야 되겠는가? 나는 그걸 증명해 보이려 했다. 그래서 다른 레인으로 차를 난폭하게 몰고 가 주차비를 지불하고 속도를 내어 그곳을 빠져나왔다. 손해 배상에 대해서는 나중에 걱정할 생각이었다.

그러나 얼마 지나지 않아 차들이 막혔고, 나는 은색 밴이 지나갈 수 있도록 오른쪽으로 이동하면서 그 차에 비친 내 차를 보게 되었다. 내 차의 앞쪽 범퍼는 밑으로 주저앉아 있었고, 순간 나는 완전히 제정신을 잃었다. 나는 차를 세워 덜커덩거리고 있는 범퍼를 비틀어 빼냈는데 범퍼는 한 조각의 플라스틱에 간신히 매달려 있었고, 그 플라스틱 조각은 내가 범퍼를 손으로 잡는 순간 힘없이 부러져 버렸다.

나는 여전히 미칠 듯이 화가 난 채로 범퍼를 뒷좌석에 쑤셔 넣고는, 뼈대가 훤히 드러난 차체와 대롱대롱 늘어진 와이어들이 아스팔트에 스파크를 일으키는 채로 붐비는 거리를 뚫고 차를 몰아 집을 향해 질주했다. 집에 돌아와 범퍼를 뒷마당에 아무렇게

나 내던지면서, 부엌 창문으로 내다보고 있는 아내의 눈과 마주쳤다. 아내는 놀란 기색도 없이 나를 향해 고개를 절레절레 흔들고는 요리를 하러 안으로 들어갔다.

순간 나는 결코 내 자신의 모습이 아름답지 않다는 것을 깨달았다. 도대체 내가 왜 이 지경이 되었을까? 평소에 휴식 따위는 나약한 패배자들에게나 필요한 거라고 비웃어 왔던 나는 그 날 이후 '일반적으로 비즈니스 여행자들은 피곤에 지친 장기간의 여행에서 일단 집으로 돌아오면 휴식할 시간이 필요하지만 그런 시간을 갖는다는 건 생각도 하지 못하고 있다' 라는 세계은행의 여론 조사 결과를 읽었다. 나는 조사 결과를 보고도 전혀 비웃을 수가 없었다. 오히려 그와는 반대로 내 자신의 전체적인 삶이 그 날의 내 행동과 비유적으로 유사하다고 느꼈다. 일터에서 파손된 범퍼들을 흔히 타당한 이유도 없이 자기 집 뒤뜰에다 아무렇게나 내던지는 것과 내 삶과의 유사성 말이다. 그리고 휴식을 통해 긴장을 풀지도 않은 채 일터로 다시 달려 나가는 우리의 삶은 얇은 플라스틱 한 조각에 지나지 않는 무언가에 대롱거리며 매달려 있는 것과 같다는 생각을 했다.

이제 나는 휴식을 취하면서 활기를 되찾는 것을 중요시한다. 그렇게 함으로써 내가 정말로 필요할 때를 위해 나의 범퍼를 아껴 둘 수 있기 때문이다.

58_인생의 속도 줄이기

인생에는 단순히 전력 질주하는 것 이상의 뭔가가 있다.

                      – 간디(*Mahandas Karamchand Gandhi, 1869~1948*)

   하버드 대학교 총장인 닐 루덴스타인은 1994년 11월 어느 날 아침, 갑자기 자리에서 일어날 수 없게 되었다. 그 당시 그는 거국적인 기금 조달 캠페인을 한창 진행하고 있었고, 날이 갈수록 점점 더 불어만 가는 업무량에 시달리고 있었다. 그러면서도 그는 좀더 빨리, 더 빨리 달리려고 노력했고 그러다가 마침내 쓰러지고 말았다. 「뉴스위크News Week」지는 '정력을 모두 소모하다'라는 헤드라인 표제로 그의 상태를 기사화했다.

   이후 루덴스타인은 석 달간의 휴식을 취한 뒤에야(라벨의 음악을 듣고, 아내와 해변을 거닐고, 독서를 하면서) 자신의 업무로 돌아올 수 있었다.

   우리들 중에도 루덴스타인의 처지와 비슷한 이들이 많다. 그리고 우리 역시 분발하기 위해 속도를 높이지 않으면 안 되는 상황에 놓여 있다. 우리는 지나치게 일에 파묻혀 있으며, 루덴스타인과 같은 결과를 맞게 될지도 모른다. 우리는 자신의 정력이 모두 소모되었다는 느낌을 갖고 휴식을 찾아야 한다. 물론 '휴가'라는 선물을 받지 못할 수도 있지만 일하는 도중 약간이라도 '휴식시간'을 가진다면 더욱 활기를 되찾고, 새로운 기분으로 다시 시작할 수 있다.

59_보다 넓은 의미의 노동

인간은 누구나 하나의 소명을 가지고 있으며 그것으로 자신의 생계비를 벌어들인다. 그리고 인간은 보다 고전적인 의미의 소명, 즉 자신의 능력들을 이용하고 자신의 삶을 잘 살아 나가기 위해 이용하는 소명 역시 가지고 있다.

— 리처드 W. 리빙스턴(Richard W. Livingstone)

'소명'이라는 단어는 '부름'이라는 뜻을 가진 라틴어 명사 '보카시오(Vocatio)'에서 유래한 말이다. 그리고 그 배후에는 '부르다, 요구하다'라는 뜻을 가진 라틴어 동사 '보케어(Vocare)'가 있다. 우리들 중 많은 이들은 자신의 소명 또는 천직이나 부름을 곧 자신의 일을 의미하는 것이라고 생각한다. 그러나 사실 소명은 그 이상의 것이다. 마틴 루터는 일반인들의 일 역시 성직자의 일만큼 영적인 가치를 가질 수 있다고 주장했다. 루터에게 있어 인간의 소명은 젖 짜는 여자나 장인(匠人)으로서 신에게 봉사하는 것에 있었다. 우리의 '소명'은 단지 한 명의 노동자가 되는 것을 의미하는 것이 아니다. 우리의 노동은 보다 넓은 의미의 부름에 대한 하나의 응답이다.

이 차이는 포착하기 어렵지만 대단히 큰 것이다. 어떤 이들은 자신의 일을 의무로만 받아들이고 또 어떤 이들은 자신의 일을 보다 넓은 의미로 받아들인다. 그리고 어떤 이들은 일터에서 고립되어 있고, 또 어떤 이들은 공동체의 일원이 된다. 예를 들면 내 직장의 우편물실 직원의 임무는 소포를 받아 분류하고 우표나 수입인지를 내주는 것이다. 그런데 그녀는 단순히 그 일만을 하는 것이 아니다. 그녀는 우리들 각자와 대화를 나누고, 우리의 하루를 활기차게 만들어 준다. 그녀는 삶의 즐거움에 대한 깊은 인식을 가지고 있다. 그리고 그러한 인식을 다른 사람들에게 전염시킨다. 개인으로서 사회의 일원으로서, 우리는 우리의 일을 하나의 소명으로 인식하고 그러한 인식을 통해 더 나은 삶을 만들어 나가야 한다.

60_일에 중독되어 있는 삶

정신과 의사들은 경영간부들을 상대로 상담 치료를 할 때 종종 여행을 줄일 것을 권유하고 약속을 받아 낸다. 그러나 정신과 의사들은 이 비즈니스맨들이 약속을 지키지 못할 것이라는 걸 잘 알고 있다. 왜냐하면 사실상 그들은 출장여행에 이미 중독되어 있어서 멈출 수가 없기 때문이다.

나는 사업상 늘 여행을 다니기 때문에 오랫동안 집에 머물러 있으면 마치 내 자신이 한 달 후 궤도를 이탈하게 될 우주 왕복선처럼 느껴진다. 그리 오래지 않은 어느 해, 한 해가 끝나갈 무렵 나는 모처럼 집에서 오랜 기간을 보내고 있었다.

그때 나는 추수감사절부터 새해 첫날까지 비행기나 택시를 타지도 않았고, 호텔 방에서 잠을 자지도 않았다. 나는 내 맥박이 느려지면서 조급증이 서서히 가라앉아가고 있던 어느 날 오후를 지금도 뚜렷이 기억한다. 그 휴가 기간 동안 나는 쇼핑센터 근처에도 갈 수 없었다. 시끄러운 소음과 흥분한 발걸음들, 야단법석을 떠는 공격적인 분위기가 갑자기 몹시 신경에 거슬렸기 때문이었다.

나는 오후가 되면 우리 집 뒤뜰에서 멍하니 창밖을 응시하는 것 이외에 달리 아무 것도 하지 않고 지냈고, 그런 시간들에 만족하고 있었다. 그러다가 마침내 다시 출장을 가게 되었을 때, 나는 놀랍게도 내가 공항을 그리워했었다는 사실을 깨달았다. 그 때 내 머리 속에는 공항은 바로 내가 일하러 가는 곳이라는 생각이 떠올랐다. 그곳은 내가 알고 있는 장소이며 나를 충전시켜 주는 장소였던 것이다. 싫든 좋든 간에, 내가 출장 여행을 갈망하고 있었다는 사실을 스스로 시인하지 않을 수 없었다. 내 자신에 관해 이런 사실을 깨닫게 된 이후, 나는 이제 내 인생에서 보다 조화로운 균형을 찾아낼 수 있게 되었다. 그리고 내가 일하는 방법과 내가 하는 일을 위한 하나의 장소를 마련했다. 일에서 완전히 벗어나는 것은 일에 완전히 전념하는 것보다 조금도 더 만족스럽지 않다. 겉으로 보기엔 마치 내가 출장 여행에 중독되어 있는 것처럼 보일지라도 실제로 내가 중독되어 있는 건 바로 삶이다. 그리고 일은 내 삶의 전체는 분명히 아니지만 내 삶의 부분인 것은 확실하다. 요즈음 나는 일과 삶 중에 어떤 한 가지를 위해 다른 한 가지에서 벗어나려고 애쓰는 것이 아니라 일과 삶의 조화를 유지하기 위해 노력하고 있다.

61_돈은 결코 행복이 아니다

세계 전역에서 실시한 최근의 한 조사 결과에 의하면 선진국 사람들에게 있어 수입과 행복은 근본적으로 전혀 상관이 없다는 것이다. 다시 말해 부자가 되는 것이 인간을 더 행복하게 만들어 주는 건 아니라는 얘기다.

자신의 불행을 흔히 자신의 봉급 탓으로 돌리는 사람들에게 위의 결과는 분명 나쁜 소식임에 틀림없다. 그러나 다른 측면에서 보면 이는 대단한 소식이다. 이 조사 결과는 다음과 같은 사실을 입증하고 있기 때문이다. 사실상 행복의 추구는 정부나 시장 변동에 지배받지 않는 양도할 수 없는 인간의 권리다. 그러나 아이러니하게도 이 조사 결과는 도덕적으로 너무 완벽해서 오히려 우리의 행복을 위험에 몰아넣는다.

미국인들은 달러를 추구하면서 달러를 점점 더 많이 모으는 것이 자신들을 점점 더 행복하게 만들어 주지 않는다는 사실을 깨닫지 못하고 있다. 그리고 바로 이런 사실을 통해 최근 급속히 좋아진 미국 경제의 역설을 설명할 수 있다. 그 어느 때보다 더 많은 돈을 가졌지만 이전보다 더 행복하지 않으며, 오히려 더 불행해진 경우가 많다는 사실이 계속되는 각종 연구에서 밝혀지고 있기 때문이다.

우리는 돈이 많을수록 더 큰 행복을 누릴 것이라고 기대한다. 그리고 많은 돈을 모은 후에도 행복을 발견하지 못하면 우리는 훨씬 더 좌절하고 불행해한다. 경제적으로 목표에 다다랐을 때조차도 여전히 그 목표에 도달하지 못했다고 느끼기 때문이다. 문제는 바로 돈으로 행복을 살 수 없다는 데 있다. 행복을 위해서는 우리의 수표책이 아니라 우리의 삶을 바로 바라볼 수 있어야 한다. 우리는 큰 행복을 사기 위해 필요한 모든 것을 이미 가지고 있기 때문이다.

62_초과 노동의 함정

1998년 한 해 동안 미국인들은 지난 10년간보다 4주일하고도 1주일의 반의 반을 더 일했다.

점점 더 많은 사람들이 자신의 생활수준을 유지하기 위해 초과 근무를 선택하고 있다(1999년도에는 20%에 가까운 사람들이 초과근무를 했다). 2000년 가을에 로스앤젤레스의 버스 운전사들이 일으킨 격렬한 동맹파업의 핵심적인 요구는 사실상 초과 근무수당 제도를 존속시키라는 것이었다. 그들의 수입이 이미 공립학교 교사들보다 더 많음에도 불구하고, 그들은 계속해서 더 많이 일함으로써 더 많이 벌 수 있는 기회를 원했던 것이다.

'하루 8시간 노동' 캠페인은 130년 전의 노동자들에 의해 시작되었다. 이 운동의 목적은 하루의 노동시간을 제한하여 노동자들에게 업무 외의 생활을 누릴 수 있게 해주자는 것에 있었다. 현재 프랑스에서는 근로자가 1주일에 39시간 이상 일하는 것이 불법이다. 그러나 미국에서는 사정이 다르다. 현재 미국의 근로자들은 초과 근무수당을 높이기 위해 1주일에 40시간을 일하고도 좀더 많은 초과 근무 시간을 얻기 위해 동료들과 경쟁하고 있다.

사람들은 고정 수입이 오르지 않을 때 소비를 줄이기보다는 초과 근무나 부업을 함으로써 부족한 수입을 보충하고 있다. 이제 우리는 더 이상 이웃 사람과 경쟁하려 애쓸 것이 아니라 우리 자신을 위해 일해야 한다. 균형을 유지하게 해주는 것은 우리 삶의 질이기 때문이다.

63_성공은 목적이 아니라 과정에 있다

1970년대 초, 브로드웨이에서 활동하고 있던 유명한 제작자 데이비드 메릭(David Merrick)은 자신의 엄청난 성공에 관해 어떻게 느끼고 있는지 등산에 비유해 한 친구에게 털어놓았다. 산을 오를 때 우리는 정상에 도달하기 위해 최선을 다한다. 그러나 등반 도중 목숨을 잃는 경우도 존재하고, 막상 정상에서 우리가 발견하는 것은 '눈과 얼음' 뿐이다.

데이비드 메릭은 브로드웨이 무대 역사에서 전설적인 존재다. 그는 오랜 경력 동안 우리에게 즐거움을 선사한 히트작을 연속적으로 터뜨렸다. <화니>, <집시>, <헬로 달리!>, <약속, 약속>, <42번가> 그리고 영화 <위대한 개츠비>까지. 그러나 메릭은 이 모든 성공들 뒤에 우울한 환멸을 느꼈다. 그가 느낀 감정은 우리들에게 전혀 낯설지만은 않은 것으로 우리 모두가 때때로 그와 비슷한 감정, 즉 그 등반이 얼마나 성공적인지와는 상관없이 힘든 등반의 끝에 커다란 환멸을 한 번쯤은 경험해 본 것과 같은 느낌이다. 그리고 우리들 대부분은 그 밖의 것 역시 깨닫는다. 가장 만족스러운 충족감과 보상은 우리의 역량과 인내의 한계 너머에 있는 저 먼 산봉우리에 고립되어 있는 것이 아니다. 정상을 향해 올라가는 도보 그 자체에서 발견되는 것이다. 우리가 길을 따라가면서 가는 도중 보이는 것들을 받아들이고 이해하려는 목적을 가지고 걷는 속도를 맞추어 나가는 한, 아무리 높은 곳을 오른다 할지라도 그 산행은 진정으로 만족스러운 것이 된다. 너무 당연한 이야기지만 때때로 우리들 가운데는 가장 성공한 사람조차 인생의 가장 놀라운 보상이 바로 이 평범한 비밀에 있다는 것을 결코 발견하지 못하기도 한다.

64_삶을 위해 땀흘려라

3월 14일, 지금껏 살아오면서 나는 항상 내가 사는 도시의 길들과 삶에서 벗어나 숲으로 가기를 원해 왔었다. 그러나 일이 되어 가는 대로 몸을 맡기고, 옛 것들을 잊고 새로운 것들을 배운다면 단 한 주일도 영원한 시간이 될 수 있다.

― 릭 베이스(Rick Bass)

젊은 부부 작가 릭 베이스와 화가 엘리자베스 휴는 몬태나 야크 밸리의 야생지대에 직접 집을 짓고 살기 시작했다. 베이스는 그의 작품 <겨울>에서 삶의 변화에 대한 경험을 담담하게 기술하고 있다. 베이스는 그곳에서 처음 맞이하게 된 겨울 동안 자기 부부가 겪었던 험난한 노동의 과정을 일기 형식으로 기록했다. 그들은 그 겨울 동안 가슴을 뛰게 만드는 아름다운 광경들을 예기치 않게 발견하는 것으로 노고를 달래곤 했으며, 그 해 겨울 그들 불굴의 인내는 기대했던 성과를 올렸다. 그 과정이 너무도 힘들었기 때문에 그들은 삶의 활기를 되찾을 수 있었던 것이다. 당신은 당신에게 활력을 불어넣어 주고 당신이 영원히 살 것이라고 느끼게 해주는 무언가를 위해 힘들게 일해본 적이 언제인가?

4장 스트레스

65_스트레스와 일시적인 도피

얀켈로비치가 실시한 한 조사에서 2차 세계대전 이래 1990년대에 10년
동안 가장 많이 입에 오르내린 단어는 '스트레스'였다.

얀켈로비치가 실시한 조사들에 의하면, 현대인들은 점점 더
독서, 음악 감상, TV시청, 음주 등과 같은 수동적인 여가 활동들
을 통해 스트레스를 극복하려는 경향이 강해지고 있다고 한다.
말은 "혼자서 시간을 보내기"보다는 "친구들과 시간을 보내는
것"이 더 좋아서라고 하지만 실제로는 전혀 그렇지 않다는 것이
다. 대부분의 경우 친구들을 사귀고 만나는 것은 많은 노력을 필
요로 한다. 육체적인 활동 역시 그러하다. 스트레스를 풀기 위해
육체적으로 뭔가를 한다고 대답한 사람들은 불과 27%에 지나지
않는다. 물론 독서나 음악 감상, TV시청이 나쁘다는 얘기는 아
니다. 단 그런 활동들이 인간관계와 육체적인 활동을 대신한다

면 문제가 된다. 그것들은 기껏해야 일시적인 도피에 불과하기 때문이다.

타인들과의 관계에 있어 완전한 인격, 예를 들면 육체, 정신, 감정만이 삶의 올바른 균형을 유지하고 스트레스를 마음대로 조절할 수 있다. 우리는 우리의 완전한 인간성에 대한 보다 나은 인식을 회복해야 한다.

66_마음껏 놀 수 있는 권리

연구자들에 의하면, 근래 들어 아동들이 매일 자유로운 놀이를 하면서 보내는 시간의 양은 크게 감소되었다고 한다(1981년 이래로 일일 평균 약 30분이 줄었다). 이는 부모들이 자신의 스케줄이 더욱 빡빡해져 시간적 여유가 없다는 데 그 원인을 두고 있다. 그 결과 자녀들을 보호하고 감독할 수 있는 하나의 수단으로써 여러 가지 과외활동들을 만들었지만 그 모든 활동들로 인해 요즘 아이들은 이전보다 훨씬 더 많은 스트레스를 받는다.

이런 통계자료들이 왜 우리를 난처하게 만드는 것일까? 오늘날의 10대들이 자신들의 시간에 훨씬 더 큰 스트레스와 요구들에 직면하고 있다는 사실이 진정한 근심거리일까? 사실 10대들에 대한 요구들은 전혀 새로울 게 없다. 역사적으로 볼 때도 아주 오랜 옛날부터 10대 청소년들은 고도로 긴장된 상황들과 세상이라는 무대에서의 역할들에 발을 들여놓아야 했다. 리처드 2세 (Richard Ⅱ, 1367~1400)는 14세 때 반란을 진압했고, 로시니 (Rossini, 1792~1868)는 같은 나이에 오케스트라를 지휘했으며, 알렉산더 해밀턴(Alexander Hamilton, 1755~1804)은 자기를 고용한 회사를 위해 통상규칙을 만들었고, 카트린 드 메디치(Catherine de Medicis)는 후일 프랑스의 앙리 2세가 된 오를레앙 공작 (Orleans, 당시 그의 나이 역시 14세였다)과 결혼했다. 그렇다면 우리가 우리의 아이들이 생산적인 일은 전혀 하지 않고 빈둥거리며 나날들을 보낸다고 생각하면서 보다 많은 것을 요구하는 건 부당한 것일까? 우리는 아이들이 훌륭한 교육과 훈련을 받기 원한다. 특히 우리는 이전의 아이들에 비해 요즘 아이들이 모든 면에서 훨씬 더 치열한 경쟁을 해야만 최고의 기회를 얻을 수 있다는 사실을 알고 있다. 따라서 우리를 곤혹스럽게 만드는 것은 어쩌면 아이들이 마음껏 놀지 못한다는 사실이 아니라, 성공을 위해 뛰어넘어야 할 장대가 훨씬 더 높게 놓여 있어서 어린시절의 모든 요소들, 심지어는 자유로운 놀이까지도 하나의 경쟁이 되었다는 사실이다.

내 친구 하나는 열한 살 난 자기 아들이 아무 것에도 취미를 붙이려 하지 않는다고 걱정했다. 그 아이는 무엇에든 최고가 될 생각이 전혀 없다는 것이다. 물론 야구부터 농구, 축구, 스케이팅, 양궁, 피아노, 기타, 트롬본, 그림에 이르기까지 무엇이든 배우려고 시도했지만 어느 것 하나 제대로 하지 않고 이내 포기해 버렸다. 현재 그 아이가 하고 있는 것이라고는 온라인 게임뿐이고, 그 아이가 자신 있어 하는 것도 그것 한 가지뿐이라고 했다. 그래서 친구는 자기 아들에게는 집중력이나 책임감, 배움에 대한 열의가 전혀 없다고 푸념을 늘어놓았다.

나는 친구의 생각에 동의하지 않는다. 왜냐하면 오히려 최고가 되려는 중압감이 아이의 능력을 망가뜨려 놓았고, 그래서 아이는 자신의 재능이나 능력들과는 상관없는 대상을 단순히 즐기게 되었을 것이라고 생각하기 때문이다. 내 친구는 컴퓨터 게임이 자기 아들의 시야를 좁히고 있으며, 그 때문에 아이가 갖고 있는 잠재력을 개발할 기회를 놓치고 있다고 걱정한다. 내 친구의 한탄에 의하면 자기 아들은 자신이 최고가 되지 못할 거라는 두려움 때문에 스스로 고립되어 가고 있다는 거였다. 한편으로 내 친구는 어쩌면 그 자신이 아들의 스케줄을 그 자신의 스케줄 (매일 매순간이 활동들과 프로젝트, 목표들로 가득 찬)처럼 만들어, 자기 아들이 이 경쟁적인 사회에 뛰어들도록 강요하고 있는 것은 아닌가 고민하고 있었다.

내 친구나 그 외 많은 베이비 붐 세대들과 마찬가지로, 나 역시 내 어린시절은 오늘날과는 달랐다고 기억한다. 나는 나무에 기어오르고, 자전거를 타고, 강에서 물장구를 치며 놀았다. 그리고 여름날 오후 해질 무렵이면 어머니들이 우리를 부를 때까지 이웃 아이들과 함께 깡통 차기를 하거나 빈둥거리며 지낼 수 있는 자유시간을 한껏 누리며 성장했다. 지금 돌이켜 생각해보면 자유로운 놀이는 일종의 어린시절에 부과된 과제였다. 즉 그것은 일상에서 탈출하고 세상을 탐사할 기회였다(그리고 우리는 그 기회를 당연하게 여겼었다). 그러나 오늘날의 아이들에게는 훨씬 더 많은 것들이 요구된다. 그래서 나의 학창시절과 시험 성적들을 돌이켜 생각해 보건데 내 출신 대학에 요즈음 내가 지원한다면 아마도 합격하기 어려울 것이다.

오늘날에는 압박감이 훨씬 더 크다. 조화로운 삶의 균형에 대해서는 아예 생각할 수조차 없다. 그리고 우리의 생활 방식은 언제나 우리의 자녀들에게 훌륭한 본보기가 되지 않는다. 삶의 균형은 우리 아이들이 혼자 힘으로 배우고 터득하기에 쉽지 않다. 그리고 요즘 아이들은 균형의 본보기를 그다지 많이 접하지도 못한다.

우리는 우리의 아이들에게 무엇보다 균형의 중요성을 가르쳐야 한다. 우리가 보다 훌륭한 균형의 본보기를 보여줄 때, 우리의 아이들은 그 본보기를 따르는 것을 시작으로 하여 보다 쉽게 균형을 터득할 수 있기 때문이다.

67_스트레스와 관련된 질병

의학계의 권위자들은 오늘날 가정 전문의들이 다루는 질환들 중 대부분이 스트레스와 관련된 것이라고 생각한다. 두통, 궤양, 과민성 장염, 피로, 만성적인 통증, 불면증, 기타 등등.

성직자들을 위한 자체 건강 프로그램을 제공하는 한 프로테스탄트 종파는 목사들과 그 가족들에게 어떤 약이 처방되고 있는가를 추적했다. 그리고 가장 많이 처방된 약이 다름 아닌 항우울제제 '프로작'이라는 사실을 알게 되었다. 그 다음으로 많이 처방된 약은 두통약이었고, 그 다음은 궤양 치료제였다. 이것은 교역자들, 다시 말해 일반인들의 본보기가 되고자 하는 사람들의 경우에도 가장 자주 처방된 5가지의 약들이 모두 스트레스에서 비롯된 질병들을 치료하는 약들임을 말해주고 있다. 여러분은 신앙이 우리의 건강을 개선시켜 주기를 바랄지도 모른다. 그러나 스트레스의 경우에는 문제가 다르다.

68_스트레스에 지불하는 대가

끊임없는 스트레스가 우리의 건강과 행복을 위태롭게 한다.

우리의 면역체계는 약화되었고, 생물학적이고 유전학적인 진화 과정들은 방해를 받아 중단되거나 변형되었다. 우리의 뇌 세포들은 죽어 가고, 신체에는 호르몬들과 신체화학물질들이 부자연스럽게 분출되고 있다.

내 삼촌 중 한 분이 언젠가 내게 이렇게 말했다. 빈틈없는 거래 기술이란, 어떤 물건을 살 때 자기가 그 물건을 평가하는 가치의 절반도 안 되는 값을 상인에게 지불하는 것이다. 이 말은 우리가 물건 값으로 얼마를 치르던 간에, 우리는 항상 우리가 구입한 것을 우리가 원하는 상태로 유지하기 위해 구입할 때 들였던 돈 만큼 많은 비용을 그 물건을 수리하고 손질하는데 다시 들이게 된다는 것이다. 내 삼촌의 거래에 관한 견해를 곰곰이 되짚어 보면 오늘날 우리가 살아가는 방식은 그만한 가치가 없다는 것을 깨닫게 된다.

애초 인류는 분명히 격심한 생존 경쟁의 마라톤을 하도록 만들어져 있지 않았다. 그러나 현실은 그렇지 않기 때문에 인류에게 있어 스트레스는 공중 건강에 있어 가장 큰 위협이 되고 있다. 속도를 유지하기 위해 우리는 스트레스에 너무 큰 대가를 지불한다. 실제로 우리가 우리 자신을 최적의 상태로 유지하기 위해 지불할 수 있는 대가보다 훨씬 더 많은 대가를 말이다. 사실 이것은 합당한 거래가 아니다. 그래서 스트레스를 극복하는 여러 가지 방법을 찾는 것은 이제 과거의 공중위생과 백신 접종만큼 공공 건강의 미래를 위한 중요한 과제가 되었다. 우리는 우리의 삶을 사는 방법들에 대한 대가를 지나치게 많이 지불하지 않도록 하기 위해 '빈틈없는 거래'를 좀더 현명하게 할 필요가 있다.

우리의 삶을 도매 값으로 흥정하라는 얘기가 아니다. 우리가 일하는 방식을 재협상하는 것일 뿐이다. 나는 내 자신이 '6&6'이라고 이름 붙인 규칙에 따라 비즈니스 여행을 해 왔다. '6&6'이란 내 회의 시간표가 언제로 예정되어 있든지 간에 오전 6시 비행기로 출장 여행을 떠나 오후 6시 비행기 이전에는 돌아오지 않는다는 것을 의미한다. 나는 항상 이 룰을 적용했기 때문에 내가 비즈니스 시간 동안 막연히 시간을 허비하는 일은 단 한 번도 없었다. 대신 1주일에 사나흘은 '6&6' 규칙에 따라 여행을 했기 때문에 집에 있는 때가 거의 없었고, 잠도 언제나 몇 시간밖에 자지 못했다. 그리고 마침내 그에 따른 결과가 나타났다. 식사도 부실하게 하고 운동도 거의 하지 않았으므로 몸무게는 늘었고, 성격은 급해졌으며, 신경질적이고 무뚝뚝해진데다 건망증까지 심해졌다. 또 내 삶에서 연결성과 지속성에 대한 감각마저 잃어 버렸다.

그러던 어느 날 아침 나는 일찍 공항으로 차를 몰고 가던 도중, 내 자신에게 지금까지 해 왔던 것들에 대해 고통을 느꼈다. 그것은 견딜 수 없을 정도로 극심한 것이었다. 나는 내가 현재 살아가고 있는 방식이 너무나 혐오스럽다고 힘껏 소리를 질렀다. 그리고 나는 좌절감 속에서 운전대를 주먹으로 세차게 두들기고, 고속도로를 갑자기 이탈하여 차를 멈추고는 그처럼 내 인생에 대해 보잘것없는 거래를 한 내 자신에게 욕설을 퍼부었다. 그 때 이후로 나는 '6&6' 규칙을 버렸다. 현재 나는 보다 현명하게 일에 임하고 있고, '6&6' 규칙이 사실상 내 성공에 그다지 중요하게 작용하지 않았다는 것을 깨달았다. 지금 나는 이전의 그 어느 때보다도 더 많은 일을 해내고 있다. 하지만 이제 더 이상 내가 일에 지불하는 대가는 내 삶의 희생을 요구하지 않는다.

5장 완전함

69_삶의 우선순위

「타임」지의 편집장을 역임했고, 오스트리아 주재 미국 대사로 일하기도 했던 헨리 그룬월드(Henry Grunwald)는 자신의 회고록 『황혼』에서 황반변성(AMD), 즉 노화로 인한 황반의 산화로 자신이 시력을 상실하게 된 과정을 이야기하고 있는데, 다음과 같은 성찰로 끝을 맺고 있다. "나는 반 장님이 되는 것이 인간 조건에 있어서 최악은 아니라고 생각한다."

내 자신을 한껏 혹사시키고 있던 시절 나는 직장생활에 사적인 생활이 개입하지 않도록 하는 것을 철칙으로 삼았다. 업무시간에 사적인 전화 통화를 하거나 개인적인 용무를 보는 건 생각조차 할 수 없는 일이었다. 내 사무실에는 가족사진이나 휴가에서 찍은 사진이 단 한 장도 붙어 있지 않았다. 출장을 가야 할 경우를 대비해 항공권은 항상 미리 예약해 두었다. 일을 하러 갈 때면 늘 정장을 차려입었고, 자신감 넘치는 표정을 지었다. 그러나 일에 점점 더 많은 시간을 빼앗기기 시작하면서, 내 생활은 그만큼 더 위축되고 메말라갔다.

어느 날 오후, 비행기에 탑승하기 위해 기다리고 있을 때였다. 한 어머니가 어린 두 딸을 데리고 혼잡한 출구에서 두리번거리고 있는 걸 보았다. 얼마 후 그녀들은 마침내 한 남자(그 여자의 남편이자 두 딸의 아버지인)를 발견했다. 그 남자는 자기 주위에 서류철들을 늘어놓고 좌석에 쭈그리고 앉아 휴대폰으로 통화를 하고 있었다. 그녀들은 그를 포옹하기 위해 달려갔다. 나는 그들이 말하는 소리를 엿듣지 않을 수 없었는데, 비행기를 갈아타는 그를 잠시라도 만날 수 있게 됐다는 사실에 그의 아내와 딸들이 기뻐하는 내용이었다. 그녀들은 탑승을 알리는 안내방송이 나오기까지 그와 반시간을 함께 보냈다. 비록 그가 그 시간 동안 내내 약간 주의가 산만한 듯 보이긴 했지만, 그가 그 시간에 뭘 하고 있든지 그의 가족은 단지 그의 곁에 있다는 사실만으로도 기뻐서 어쩔 줄 몰라 했다. 업무를 위해 다시 비행기를 타러 가는 그의 발걸음은 마치 스프링을 단 것 같았다.

그 당시 그 가족에게 나처럼 많은 관심을 기울인 사람은 아마 없었을 것이다. 나는 갑자기 일에 대한 나의 사고방식에 문제가 있다는 걸 느끼고 우울해졌다. 그리고 그 때 처음으로 깨달았다. 일의 범주에 가족이 약간 포함된다고 해서 일에 지장을 주는 건 전혀 아니라는 것을. 아니, 오히려 그것은 우리가 하고 있는 일을 더욱 잘 해낼 수 있게 기운을 북돋아 준다는 것을. 비행기를 갈아타는 틈을 이용해 아내에게 키스를 하고 딸들을 포옹하는 게 뭐가 잘못인가? 나는 이제 일터에서 내 주변의 모든 것들을 생활로 받아들이고 있다. 가족사진을 붙이는 것과 같은 사소한 일에서부터 종교를 통해 얻는 영성과 같은 큰 문제에 이르기까지. 내 생활에서 우선사항들의 순위를 바꿈으로써 나의 일은 더 나은 방향으로 변해가고 있다. 이제는 내 일이 따로 고립되어 있는 게 아니라 생활과 어깨를 나란히 하고 있다. 이제 일은 생활을 받아들여야 한다. 그러면 일과 생활이 더 잘 풀려 나간다. 왜냐하면 현대 사회에서의 일은 곧 하나의 생활이기 때문이다.

70_왜 화창한 날을 날려 버리는가?

거리는 감탄할 만한 전문기술자들로 가득 차 있지만, 실천적인 몽상가들은 거의 찾아볼 수 없다.

– 맨 레이(Man Ray, 1890~1976)

윌리엄 맥도너는 버지니아 대학의 건축학과 학장이자 현대 건축 디자인 분야에 있어 대표적인 몽상가이다. 그는 새로운 건축 디자인을 구상할 때 의뢰인들에게 어떤 종류의 건물을 원하는지 묻지 않는다. 대신 "어떻게 하면 우리가 모든 아이들, 모든 인류,

모든 시간들을 사랑할 수 있을까요?"라고 묻는다. 이 같은 유토 피아적 이상주의는 대부분의 사람들에게는 비현실적으로 느껴지고, 심지어는 엉뚱하다는 느낌마저 준다. 그러나 그 결과물들은 전 세계에 맥도너 찬미자들을 낳았다.

인디애나에 있는 맥도너의 커피 크릭 센터는 불규칙한 배열과 불연속성에 강력히 맞서는 간결성을 주제로 설계되었다. 또 오벌린 대학에 있는 그의 환경 연구소는 그 건물이 소비하는 것보다 더 많은 에너지를 태양열에서 얻을 수 있도록 설비되어 있다. 그리고 실리콘 벨리에 있는 갭 주상 복합건물을 위한 그의 설계에는 야생화를 심은 지붕, 독성이 낮은 페인트, 사람들이 하늘을 볼 수 있도록 15피트 높이의 천장에 만들어 놓은 창문이 포함되어 있다. "날씨가 좋을 때, 그걸 놓쳐 버린 것 같은 기분을 느낄 필요가 무엇인가?"라고 맥도너는 말한다. 그는 전형적인 철학적 언어로 다음과 같이 말한다. "설계는 인간 의지의 첫 번째 표지이다." 일에는 일 이상의 것이 있다. 거기에는 꿈 또한 있다.

71_ 인생의 광장을 마련하라

"캠퍼스(고대로마의 집회, 경기, 군사 훈련을 위한 광장에서 유래)."

우리는 우리가 사는 도시를 위해 독특한 건물들을 설계해 왔다. 그러나 우리는 그 건물들 주변의 공간들. 이를 테면 '캠퍼스'에 관해서는 그다지 신경 쓰지 않았다. 건축공학적인 측면에서 모든 차이를 만드는 것은 열린 공간들인 비어 있는 공간이다. 이 공간들은 건물들뿐만 아니라 사람들까지 서로 대화하도록 이끈다. 공공장소의 조각품 또는 1999년 여름 동안 도시 전역에 황소 그림을 전시해 놓았던 시카고의 광장들을 생각해보자. 아니면 이탈리아의 광장 '캄포'를 떠올려 보자. 그곳에서 보내는 휴가를 잊지 못할 추억으로 만들어 주는 것은 그곳의 웅장한 건물들이 아니라 그곳의 분수, 보행자 공간과 인도들 그리고 노천카페들이다.

우리의 삶 역시 이에 비유할 수 있다. 우리는 우리의 삶이라는 건물의 뼈대를 만들고 우리의 '황소들'과 '조각품들'을 전시하기 위한 공간을 절실히 필요로 한다. 그러나 우리가 짓는 건물이 아무리 웅장하다 할지라도 타인들에게 영속적인 감동을 더 많이 심어 주는 것은 흔히 분수들과 작은 통로들과 노천카페들이다. 즉 우리가 다른 사람을 위해 단지 그 옆에 있어 주는 것, 어느 병원에서 자원봉사를 하는 것, 또는 상처 입은 친구를 격려하기 위해 친구의 집에 들러 잠시 머물 때다. 우리는 살아가면서 균형 있는 전망을 제공하고 대화를 이끌어 낼 수 있는 보다 큰 광장의 존재를 등한시하는 경우가 너무 많다.

72_인생은 생각하기 나름이다

존 스튜어트 밀(John Stuart Mill, 1806~1873)은 평정도 흥분상태도 모두 우리를 행복하게 해줄 수 있다고 했다. 평온한 상태에 있을 때, 우리는 적은 것에 만족한다. 그리고 흥분해 있을 때, 우리는 더 많은 고통과 싸울 수 있다.

비즈니스 때문에 나는 1주일에 사나흘은 비행기에서 보낸다. 그래서 어떻게 그토록 많은 여행을 견딜 수 있느냐는 질문도 자주 받는다. 그럴 때마다 나는 비즈니스를 위한 항공 여행은 지독하게 짜증나는 일이지만 그냥 그런 고통에 익숙해졌을 뿐이라고 말하고 싶어진다.

교통 혼잡에 시달리고, 주차 공간을 찾아 교묘하게 끼어들고, 줄을 서서 기다리고, 보안 검색대에서 말다툼을 하고, 인파에 떠밀리고, 나쁜 음식을 먹고, 그 음식에 너무 많은 돈을 지불하고, 비행기 도착(또는 출발) 시간이 지연될 때면 이리저리 숨 가쁘게 연락을 취하고, 택시운전사들과 다투고, 환승을 위해 숨이 차도록 뛰어가고, 내 여행가방을 머리 위의 뚜껑달린 상자 속에 억지로 쑤셔 넣고……. 비행기 그 자체가 얼마나 순조롭게 비행하느냐 하는 것과는 상관없이 항공편으로 여행하는 것은 언제나 격렬한 투쟁이며 끔찍한 혼돈이다. 그리고 항공회사들에서 내가 평균 이상의 단골 고객이라는 이유로 티켓 할인권이나 마일리지 보너스를 보내올 때면 그것은 또 다시 나를 짜증나게 만들 뿐이다. 내가 내 생활의 얼마나 많은 부분을 비행기에서 보내고 있는지 다시 한 번 상기시켜 주기 때문이다.

사실상, 비즈니스 여행에 심리적인 보상이 뒤따르지 않는 것만도 아니다. 또 여행을 참을 만한 것으로 만들어 주는 것 역시 주로 일을 추진해 나가는 과정에서 느끼는 스릴이다. 계약을 위해 프레젠테이션을 준비하고, 법률관련 서류들을 작성하고, 마침내 계약서에 서명을 받아 내고, 그에 합당한 이익을 올리는 것. 비즈니스 과정에서의 흥분상태는 비즈니스 여행에서 겪게 되는 모든 고역들을 상쇄시킨다. 그것은 분명한 보상이며 내가 여행에서 치르는 희생들에 대한 대가다. 하지만 그런 것들이 나를 계속 일하게 만들고, 나를 행복하게 해주는 반면, 한 편으로는 내게 끊임없는 고민을 안겨 준다. 내가 참된 균형을 찾은 것일까? 아니면 단지 여행이 주는 고통들로부터 내 기분을 전환시키기 위해 하나의 방법을 찾은 것일까? 이 보상들이 오래 지속될까? 또는 이 지긋지긋한 고통이 결국에는 사라질까? 보다 평온한 뭔가를 위해 높이 치솟아 있는 열정을 포기하지 않으면 안 되게 될 어느 날, 필연적으로 맞닥뜨려야 할 그 날을 계속 뒤로 미루고 있는 건 아닐까? 그리고 만일 그렇다면, 그 날이 왜 지금이어서는 안 될까?

내가 일을 어떻게 이처럼 끈기 있게 해낼 수 있느냐라는 질문에 대한 궁극적인 대답은 내가 내 비즈니스 여행을 전체적인 전망에 끼워 넣고, 그것이 내 삶의 나머지 부분을 침해하지 못하게 하는 방법을 터득했다는 것이다.

　1년에 한두 번 나는 자정이 넘도록 출발할 생각을 하지 않는 비행기를 기다린다. 그리고 그 시간이 되면 공항은 전혀 다른 장소가 된다. 모니터들과 TV들은 모두 꺼져 있고, 불빛들은 희미하다. 레스토랑들과 상점들은 텅 빈 채 잠겨 있고, 게이트 앞에서 붐비는 인파도 없다. 비행기들은 모두 잠들어 있다. 유일한 움직임은 정비를 위한 활동뿐이다. 카펫들을 특수세제로 닦고, 군데군데 페인트를 새로 칠하고, 에스컬레이터들을 수리하고 그곳에는 한낮의 웅성거림이 전혀 없다. 바로 그럴 때 나는 여행의 강렬한 흥분 상태(좋은 것이건 나쁜 것이건 간에)는 따로 준비된 채로 우리를 기다리고 있는 것이 아니라 우리 스스로가 만들어 내는 것임을 알 수 있다. 비즈니스 여행이 주는 고통과 흥분은 우리가 우리 자신에게 부과하는 것이며, 우리가 여행을 어떻게 느끼는가 하는 것은 전적으로 우리하기 나름이라고 생각한다. 물론, 비즈니스 여행은 중대사다. 그러나 나는 이제 더 이상 내가 그것에 관해 경쟁적이거나 공격적이거나 화를 낼 만큼 그것이 중대한 일이라고는 생각하지 않는다. 내가 공항에서 집으로 가져가는 짜증은 주로 내 자신의 행동에 의해 유발된 것이며 비즈니

스 출장 기간 동안 내가 겪었던 여행의 위기들 역시 유지 보수 팀
이 도착할 무렵이면 완전히 잊혀져 버린다는 것을 이제 나는 알
고 있다.

73_생활의 공간들 속에 숨겨진 평화

여름 날 아침이면 나는 평소처럼 목욕을 하고, 해가 떠오를 때부터 오
후까지 햇빛 드는 현관 앞에 앉아 몽상에 잠겨 있곤 한다.

— 헨리 데이빗 소로우(Henry David Thoreau, 1817~1862)

소로우는 은유적으로나 말 그대로 숨쉬는 공간을 원했다. 그
래서 그는 월든 호숫가(Walden Pond)로 이사했다. 도시와 일상
생활의 의무에서 벗어난 그는 그곳에서 아무 것도 하지 않고 앉
아 있는 것에 만족했다. 그는 한 번씩 오래도록 마음껏 게으름을
피우고 난 후 활력을 되찾아 자기 일로 되돌아가곤 했다. 대부분
의 우리들에게 있어 이런 라이프스타일은 사실 월든 호수만큼 멀
게 느껴진다. 우리의 일정표는 너무도 빽빽이, 꽉 차 있어서 예
정된 모든 것들을 기억하기 위해 기록해 놓을 여백조차 없다. 그
러나 우리도 소로우 못지않게 우리의 정신을 살찌우는 것은 바로
생활의 공간들 속에 있다는 사실을 마음속으로는 잘 알고 있다.

한 단과대학의 학장으로 지내고 있던 시절 나는 학생들에게 이렇게 말하곤 했다. "방학 동안 여러분은 다음의 세 가지 중 두 가지를 할 수 있다. 여러분은 집에 머무르면서 하던 공부를 계속할 수도 있고, 아니면 전공 분야에서 새로운 논문이나 연구 기획을 완성할 수도 있다. 그것도 아니면 여러분은 여러분 자신을 재충전시키고 활력을 회복할 수도 있다. 그러나 이 세 가지 모두를 이룰 수는 없을 것이다."

나는 이것을 개인적인 경험을 통해 터득했다. 소로우와는 달리 우리들 대부분은 '아무 것도' 하지 않고 그대로 가만히 있는 것이 우리의 전체적인 삶, 일이나 가족 관계, 공동체 사회의 참여에 새로운 활력을 가져오는 가장 완벽한 방법이라는 사실을 받아들이기 어렵다. 더구나 우리들 대부분은 장기적인 휴가를 누리기 힘들다. 우리는 자신이 현재 가지고 있는 시간들을 최대한 이용해야 한다. 아침에 일어난 후 짤막한 정적의 시간, 공원에서의 조용한 점심 식사, 또는 집에서 멀리 떨어진 곳에서 보내는 주말 등등. 소로우가 말했듯 고요를 찾는 것은 정신의 재충전을 위한 첫걸음이다.

6장 진정함

74_여름이 주는 교훈

여름은 다른 계절과 다르다. 우리는 지금까지 살아오면서 여름이 보다 느긋한 속도로 진행된다는 것을 학교 일정표를 통해 배웠다. 그리고 직장생활을 하면서는 여름철과 긴 주말마다 이런 느긋한 상태가 평생에 걸쳐 되풀이해 나타나는 것을 보게 된다. 여름철에는 러시아워가 늦은 아침과 이른 오후에 시작된다. 그래서 우리는 우리의 라이프스타일을 계절의 변화에 맞추고 일하는 방식에 있어서도 많은 변화를 갖는다.

우리는 왜 언제나 여름처럼 살 수 없을까? 물론 그렇다고 더 적게 일할 필요는 없다. 단지 그 모든 일들을 좀더 느린 속도로 하면 된다. 우리는 뒤로 한 발 물러서서 자신이 성급한 속도 그 자체를 위해서가 아닌 다른 어떤 목적을 위해 달릴 것인지에 관해 스스로 자문해볼 필요가 있다. 회전문들을 쏜살같이 뚫고 지나가거나 엘리베이터의 문이 열리자마자 뛰어들거나 멈춤 표지판들과 통행료 징수소들을 무시하고 달리거나 줄에서 우리 앞의 사람들 뒤에 바짝 붙어 밀고 나아갈 필요 등. 우리는 분명 뒤처지지 않고도 일상의 밀물에 약간의 썰물을 부여할 수 있다.

물론 결코 여름처럼 느낄 수 없는 곳들이 있다. 특히 몇몇 항공노선에서 대도시 사이를 매 시간마다 운행하는 정기 왕복 항공편들이 그렇다. 1년 내내 운행되는 이 정기 항공편들은 끊임없는 밀어붙이기의 연속이다. 승객들은 보드로 급히 뛰어들고 서둘러 음식을 먹어 치우고 마지막 몇 초 동안 전화통화를 하고 스낵과 음료수를 꿀꺽꿀꺽 삼키고 밖으로 나가기 위해 중앙통로로 떼 지어 몰려가고 비행장의 양끝에서 우르르 쏟아져 나온다. 정기 왕복 항공편을 위한 게이트들은 낭비할 시간이 없는 사람들, 항상 스케줄에 쫓기는 사람들, 맹렬하고 현실적인 비등점에 끓고 있는 사람들을 받아들이기 위해 늘어서 있다. 이 제정신이 아닌 돈벌이 위주의 속도가 바로 정기 왕복 항공편의 모든 것이다.

우리가 우리 자신의 삶을 위해 진정으로 원하는 것은 무엇일까? 여름일까, 정기 왕복 항공편일까? 적어도 이 두 극단 사이의 어딘가에는 행복한 매개체가 있을 것이다. 인생은 결코 끝없이 이어지는 여름일 수 없으며, 끝없이 이어지는 정기 왕복 항공편이어서도 안 된다.

나는 정기 왕복 비행기 같은 속도로 여러 해를 일로 보낸 후, 마침내 쿵하고 쓰러져 버렸다. 나는 이제 매우 다른 방식으로 일을 대하고 있다. 보다 느긋한 속도로도 내가 가고자 하는 곳에 이전보다 더 늦게 도착하지 않는다. 나는 내가 유지해 왔던 맹렬한 밀어붙이기가 부질없는 마감시간들에 대한 근심과 스트레스 속으로 나를 몰아넣고 있었다는 사실을 알게 되었다. 그리고 그것을 깨닫는 순간 훨씬 더 여유로운 접근법을 수행하기 시작했다. 이제 나는 건물에 들어갈 때 나보다 몇 걸음 뒤에 오는 사람을 위해 잠시 멈추어 문을 잡아 준다. 그리고 교통체증에 걸렸을 때 한 대가 아니라 두 대의 차가 한꺼번에 내 앞으로 빠져나가는 걸 허용한다. 단지 경치를 감상하기 위해 가끔씩 집에서 멀리 떨어진 곳까지 가기도 한다. 그렇다고 내가 이전보다 일에 덜 성실한 건 아니다. 일에 대해서는 훨씬 더 만족감을 느낀다. 일과 생활의 보다 나은 균형을 주는 행복한 매개체를 발견했기 때문이다.

75_소중한 것을 위해 "No"라고 말하기

미국인들은 주로 직장에서 자신들이 하는 일이 아니라 가정에서의 자기 모습을 통해 스스로를 평가한다.

– 앨런 울프(Alan Wolfe)

우리는 적어도 입으로는 우리가 가정에서 어떤 존재인가를 통해 스스로를 평가한다고 말한다. 그러나 우리가 하는 행동들은 우리의 말과 모순되는 경우가 점점 더 많아지고 있다. 우리는 매일 3시간씩 여분의 시간이 주어진다면 가족이나 친구들과 함께 그 시간을 보낼 거라고 여론 조사원에게 말한다. 그러나 여기에는 놀랄 만한 이유가 있다. 우리들 중 많은 이들은 생계유지를 위해서뿐만 아니라 자신의 즐거움을 위해 일한다는 것이다. 그리고 테크놀로지 덕분에 언제 어디서든 일할 수 있다. 심지어 연주회장이나 침실, 음식점 등 우리가 일하는 것을 원하지 않는 곳에서까지 말이다. 우리들 중 어떤 이들은 자신이 일찍 은퇴하여 보다 많은 시간을 배우자와 자녀들과 함께 보낼 수 있을 것이기 때문에 그 전에 가능한 한 일을 많이 해야 한다고 생각한다. 그러나 그럴 경우 우리는 우리가 가장 소중히 여긴다고 말하는 것들을 유기할 위험을 무릅쓰고 있는 것이다. "No"라고 말하는 것은 마약 이외에 다른 것에도 적용되어야 한다.

76_ 일이 성취의 전부는 아니다

얀켈로비치가 실시한 전국 여론조사에서 여성들에게 다음과 같이 물었다. "자녀를 가지는 것이 모든 여성들이 반드시 경험해야 할 일이라는 것에 동의합니까?"

1979년도 베이비 붐 세대의 여성들	45% 동의
1998년도 X세대 여성들	68% 동의

　베이비 붐 세대의 여성들은 직장에서 새 지평을 개척했다. 그러나 그에 따른 대가를 지불하지 않은 것은 아니었다. 일과 가정의 균형을 깨뜨리는 것은 흔히 가정을 등한시하는 것을 의미했다. 가정은 일의 요구들에 맞추어야 했기 때문이다. 가령 1980년대의 활기를 되찾는 소리들 중 하나인 직장 내의 탁아소는 정확히 한 가지 해결 방안, 가정을 직장으로 옮겨오는 하나의 방법이었다. 그러나 오늘날에는 중점을 두는 관점이 그 시절과는 다르다. 현재 우리는 재택근무와 근무 시간의 자유 선택에 익숙해졌다. 그것은 일을 가정으로 옮겨오는 것에 근거를 둔 해결책이다. 베이비 붐 세대에 의해 이룩된 발전 덕분에, 오늘날 젊은 여성들은 가족들의 희생을 보다 적게 하면서도 더 큰 성공을 갈망할 수 있다. 오늘날의 젊은 여성들은 흔히 편부모 가정이나 재혼 가정, 또는 맞벌이 부부 가정의 자녀들(집 열쇠를 목에 걸고 부모들이 퇴근할 때까지 혼자서 집을 지키는 아이들)이었다. 그래서 이들은 자기 자녀만큼은 이런 형태의 가정에서 성장하지 않기를 원한다. 물론 그렇다고 해서 자신의 자유나 직업을 포기하고 싶어 하는 것도 아니다. 그녀들은 가정생활과 일을 완전히 수용하기 위해 또 다른 작업 스타일을 개척해 나가고 있다. 사실상 우리는 이런

여성들을 따라잡지 못할 것이다. 그녀들이 우리들에게 일과 생활을 조화시키는 더 나은 방법들을 선구적으로 보여주고 있기 때문이다. '어떤 희생을 치르더라도 일이 제1순위' 라는 전제는 이제, '어떤 보상이 주어진다 하더라도 일이 성취의 전부가 아니다' 라는 인식으로 바뀌어 가고 있다.

77_일하지 않는 삶보다 비참한 것

> 원칙에 입각한 변화는 진보다. 그러나 원칙 없이 끊임없이 계속되는 변화는 혼돈을 낳는다.
> — 드와이트 D. 아이젠하워(*Dwight D. Eisenhower, 1890~1969*)

나는 해마다 비즈니스의 세계를 떠나 그랜드 캐년으로 여행을 떠났다. 한 번은 어떤 가이드가 내게 왜 계속 그곳으로 돌아오느냐고 물었다. 그녀는 나의 캐년 체험이 감동적이었는지 아니면 유익했는지 궁금해 했고, 심지어는 나의 '가장 진실한 부분' 을 찾았는지 알고 싶어 했다. 나는 대답이 궁했다. 한 번도 그런 식으로 그 여행에 관해 생각해본 적이 없었기 때문이었다. 그 가이드의 질문을 받고서야 곰곰이 생각해보면서 나는 내 자신의 가장 진실한 부분을 찾는 것이 얼마나 힘든 일인가를 깨닫고 당황했다. 이것은 나와 마찬가지로 많은 현대인에게 있어 하나의 난제다. 우리는 점점 더 많은 자아를 가지도록 강요당하고 있기 때문이다. 왜냐하면 우리의 삶이 점점 더 이 역할에서 저 역할로, 이 상황에서 저 상황으로, 이런 환경에서 저런 환경으로, 각각 따로 분리된 채 연속성 없이 이어지고 있기 때문이다. 복잡한 플롯 (Plot: 소설, 희곡, 각본 등의 이야기를 형성하는 줄거리)의 연극 무대에서 다중 역할을 하는 배우처럼, 우리는 이 장면에서 저 장면으로 옮겨 다니며 매순간마다 요구되는 상황에 맞추기 위해 변신을 계속한다.

우리의 자아들 중, 가장 진실한 부분은 무엇일까? 우리를 계속 앞으로 나가게 하기 위해 우리가 의지할 수 있는 핵심적인 요소 또는 어떤 뚜렷한 원칙이 있을까? 아니면 끊임없이 변화하는 혼돈 이외에는 아무 것도 없는 것일까? 내게 있어 일상적인 근무일은 집에서 잠이 깨어 다른 도시로 날아가고, 거기서 일련의 회의들을 서둘러 진행하고, 또 다른 곳에서 하룻밤을 끝맺고, 계속 바뀌는 현장에서 그 다음 날 있을 혼란상태에 대비하는 것이다. 내가 해야 할 일들 만나야 할 사람들 가야 할 장소들로 가득 찬 노동시간의 복잡한 거미줄을 통해 누비고 나아갈 때, 수없이 다양한 역할을 맡는 것이다. 때때로 나는 회의실이나 호텔 로비에서 주위를 둘러본다. 그리고 내가 그 날 아침에 출발했던 곳으로부터 완전히 단절되었다는 기분을 느끼곤 한다. 바로 조금 전에는 그곳에 있었는데 이제는 다음 장소를 향해 가고 있으니 말이다. 각각의 상황들은 그 자체로 완전한 하나의 무대다. 어떤 상황에서 내가 내 자신에게 가장 진실할까? 계속 궤도를 유지하며 진보와 성장과 성취를 향해 나가기 위해 나는 나의 진실된 자아에 대한 어떤 원칙이나 인식을 이용해야 할까?

우리 모두는 예수가 우리들에게 추천한 집처럼 반석 위에 세워져 비와 바람과 홍수로부터 안전한 단단하고 진실된 것 속에 우리의 삶을 뿌리내리기 원한다. 나는 항상 그랜드 캐년의 힘과 평정과 신성함에 의해 감동 받고 활력을 되찾는다(비록 나의 내부에 깊은 감동을 주는 것에 대해 정확히 말로 표현할 수는 없지만). 그리고 그런 감성을 일터로 가져가려고 노력한다. 반면, 캐년에 있을 때 일은 뒷전에 둔다. 이는 그랜드 캐년이 사실상 나의 가장 진실된 자아의 어떤 부분에 영향을 미친다는 것을 의미한다. 캐년의 장관은 삶은 숭고한 것이며 놀랍고도 신비롭고 장엄한 것임을 상기시킨다. 캐년이 너무 장대해서, 그 깊이로부터 인생 그 자체의 웅장함을 바라보며 경탄하기도 한다.

그랜드 캐년에 대한 기억은 마치 카멜레온처럼 내가 매일 같이 다양한 가면을 쓰고 벗어야 하는 상황들 속을 무사히 헤쳐 나갈 수 있도록 도와준다. 나는 이런 경이감이 하나의 사치가 아니라 삶을 살아가는 데 있어 본질적인 필수조건, 즉 중심이 되는 원칙이라고 믿게 되었다. 적어도 가끔씩은 지루하고 하찮고 진부한 그 모든 것, 우리를 실어 날라 일 속에 빠뜨리는 그 모든 것을 초월할 수 있는, 내가 그 협곡의 경험으로부터 가져오는 것은 정확히 내가 필요로 하는 것이다. 일하지 않는 삶보다 훨씬 더 비참한 것은 단지 일만 하는 삶이다.

78_변화를 긍정적으로 받아들이기

가정과 노동 협회가 실시한 조사에 의하면 한 회사가 노동, 생활 지원 프로그램을 가지고 있느냐 없느냐를 가장 확실하게 알 수 있는 지표 가운데 하나는 그 회사 내에 고위 간부직에서 활동하고 있는 여성의 비율이라고 한다.

과거의 근로체계가 완전히 변화하고 있다. 오늘날 이 변화는 너무도 심해서 공기 속에서조차 그 냄새를 맡을 수 있을 정도다. 새로운 부류의 사람들이 책임자로 부각되고 있다. 여성들이 회사에서 고위직을 차지하기 시작했다. 게다가 이건 빙산의 일각에 지나지 않는다. 오늘날 소녀들은 소년들에 비해 더 많은 교육을 받고 있다. 라틴아메리카계 인구가 해마다 성장하고 있다. 그래서 미국은 세계에서 두 번째로 큰 라틴 국가가 되었다. 닷컴 혁명을 이끄는 이 10대들과 그들을 뒤따르는 10대 청소년들은 곧

모바일 부문에서도 혁명을 일으킬 것이다. 베이비 붐 세대들은 연령이나 은퇴에 대한 어떤 근거도 인정하기를 거부하고 있다.

요즈음 우리가 주변에서 보는 사람들은 우리 세대가 생활하고 일하는 방식과는 매우 큰 차이를 보여주고 있다. 그들은 우리 세대와는 다른 사람들이다. 새로운 작업 방식은 이 새로운 리더들에 의해 조용히 자리를 잡아가고 있다. 그리고 그 결과 많은 경우들에 있어서 우리가 가장 소중하게 여기는 가치들은 더욱 굳건하게 지켜지고 있다. 바로 이것이 어떤 최고경영자들이 직원들이 자신들의 가족과 일을 조화시킬 수 있도록 돕는 프로그램을 마련할 가능성이 가장 큰가에 대해 가정과 노동 협회가 보고한 결과들에서 나타난 것들이다. 그런데 '변화'를 좀더 가까이에서 들여다보면 끊임없이 변화되고 있다는 사실 자체가 변화의 가장 중요한 부분임을 쉽게 발견할 수 있다. 다른 방식으로 일하는 것이 우리가 가장 유지하고 싶어 하는 것을 유지할 수 있는 유일한 방법인 경우는 드물지 않다.

이런 관점에서 나는 오랜 세월에 걸쳐 함께 길을 걸어온 친구 몇몇을 생각한다. 우리가 익숙해져 있는 방식과 현재의 방식간의 차이는 우리 사이에 늘 오가는 유머가 되어 버렸다. 그리고 우리는 함께 모이면 언제나 이 유머에 새로운 농담을 덧붙인다. 하얗게 센 머리칼은 사실상 때 묻은 금발이라고 우기거나, 세탁기 돌아가는 박자에 맞추어 탭댄스를 춘다거나, 미니 밴을 타고

'폭주 운전'을 하는 것에 관해 서로를 놀려댄다. 우리들 각자는 흐르는 세월과 함께 많이 변했다. 그러나 우리가 그토록 오랫동안 친구로 남을 수 있었던 건 바로 그 때문이다. 우리의 우정은 결코 진부해지지 않는다. 우리의 우정은 항상 참신하고 재기발랄하고 재미있고 흥미진진하고 감동적이다. 많은 이유로 만일 우리가 변화를 허락하지 않았더라면 우리는 우리가 가지고 있던 것을 이미 오래 전에 잃어버렸을 것이다. 우리가 변화를 허락하지 않았더라면, 이미 오래 전에 우리 사이의 대화 소재는 바닥이 났을 것이다. 변화는 우리들에게 항구적인 우정을 가능하게 해주는 힘으로 작용해 왔다. 우리의 인생이 서로 다른 길로 접어들면 들수록 우리는 더욱 가까워졌고 우리의 우정은 더 돈독해졌다. 그리고 우리 자신을 항상 업데이트 시킴으로써 우리는 친구로 남을 수 있었다. 우리에게 뭔가 의미가 있는 다른 모든 것들에 있어서도 마찬가지일 것이다. 변화함으로 지속될 수 있다.

79_자부심과 일

용접공은 말한다, '나는 기계다.' 은행의 금전 출납계원은 말한다, '나는 우리에 갇혀 있다.' 철강노동자는 말한다, '나는 노새다.' 접수계원은 말한다, '원숭이도 내가 하는 걸 할 수 있다.' 이민 노동자는 말한다, '나

는 농기구보다 못한 존재다.' 패션모델은 말한다, '나는 상품이다.'

– 스터즈 터겔(*Studs Terkel*)

스터즈 터겔(미국 사회의 직업군의 실상을 적나라하게 파헤친 '워킹'으로 퓰리처상을 수상한 작가)은 어느 인터뷰에서 사람들은 자신의 일을 그저 하나의 직업이 아니라 소명으로 생각하고 있다고 말했다. '소명'은 라틴어로 'Vocatio'이다. 그리고 이 말에서 소명(Vocation)이라는 단어가 파생했다. 우리는 너무 자주 소명과 직업을 동일시해왔다. 그러나 소명은 그 이상의 의미를 지니고 있다. 우리의 소명은 우리가 우리의 직업을 어떻게 바라보며 일해 나가느냐에 달려 있다. 용접공과 패션모델은 직업이 될 수도 있고, 소명이 될 수도 있다. 그것은 우리가 일 그 자체를 넘어서 그 일에 어떤 목적이나 가치를 부여할 수 있느냐 없느냐에 달려 있다.

진정한
행복을 위한 지혜

03

1장 **힘**

80_삶은 너무도 중요하다

> 나는 암에 대한 생생한 공포나 죽음의 가능성에 대한 기억을 결코 잊고
> 싶지 않다.
>
> — 해밀턴 조던(*Hamilton Jordan*)

카터 대통령의 최측근으로 활동할 당시 해밀턴 조던은 역사상
가장 나이 어린 대통령 보좌관이었다. 그는 자기가 원하는 것은
무엇이든 다 할 수 있는 존재처럼 보였다. 그러나 40대에 호지킨
병(림프선의 부기가 전신에 퍼지는 병), 46세에 피부암, 50대에 발
병한 전립선암이 인생에 대한 그의 관점을 완전히 바꾸어 놓았
다. 그는 자신이 정치활동에 쏟아 부었던 것과 같은 열정과 성실
성으로 암과 싸웠다. 그래서 현재 그의 생활은 예전과 판이하게
달라 보인다. 조던의 우선사항들은 새롭게 바뀌었다. 그는 손자
들과 함께 아침식사를 하고, 그 아이들을 학교로 데려다 준다.

더 이상 정치적 야망에는 열중하지 않는다. 그리고 더 이상 분노에 지배당하지 않는다. 왜 그럴까? 삶이 너무도 중요하다는 사실을 알기 때문이다.

81_고통에 정면으로 맞서기

> 고통은 인내를 낳고, 인내는 용기를 낳고, 용기는 희망을 낳는다.
>
> — 성 바울(「로마서 5장 3~4절」)

최근에 한 친구를 만났다. 그 친구의 아내는 몸에서 떨어져 나가야 할 죽은 세포들이 뼈 속에 잘못 저장되어 골수를 채우고 있기 때문에 극도의 고통에 시달리고 있었다. 병의 원인은 그녀의 몸속에 효소 하나가 부족하기 때문이라고 했다. 이 부부에게 삶이란 기껏해야 고통일 뿐이다. 그러나 그들은 자신들이 받은 인생이라는 선물에 대해 깊은 사랑, 아니 존경심마저 가지고 있었다.

윤리학자 스탠리 하우어와스(Stanley Hauerwas)는 이렇게 썼다. "영웅적 행위는 '뭔가를 할' 수 있는 사람들이 아니라 고통의 과정을 통해 목적을 이루어 내는 사람들에게서 발견되어지는 것이다. 우리가 치유될 수 있는 길은 병을 극복하는 것에 있는 게 아니라 우리의 인생 내력이 만들어 내는 공동체를 통해 서로 신뢰를 나누는 능력에 있다."

만일 이 말이 진실이라면(나는 진실이라고 생각한다), 내 친구와 그의 아내는 영웅이다. 그들은 고통을 정면으로 바라보았고 그 고통의 불가해함 너머로 삶의 덧없는 환희를 꿰뚫어보았다. 인생의 허울들을 벗어던짐으로써, 더 많은 것을 얻은 것이다.

82_규칙이 준 선물

> 어둠을 두려워하지 말라. 기억하라, 별을 보려면 밤이 필요하다는 것을.
>
> – 조이 레이먼(*Joey Reiman*)

자기 자신을 기만하지 말자. 나쁜 일들이 일어날 때 그 일로부터 어떤 좋은 일이 일어난다 할지라도 그 일은 여전히 나쁜 일이다. 그러나 그와 동시에 만일 무엇인가 좋은 일이 무엇인가 나쁜 것에서 비롯된다면, 우리는 그것을 인정하지 않거나 정당하게 평가하지 않고 지나쳐서는 안 된다. 우리는 그곳에서 무엇인가 보충되는 것을 발견할 수도 있기 때문이다. 그렇다면 이것이 곧 십자가의 교훈이 아닐까?

나는 성인이 된 이후, 항상 당뇨병에 시달려 왔다. 병은 내게 있어 일상적인 관심사이며 내 생활에 끊임없는 제약을 준다. 그래서 부주의한 조절로 인해 유발되는 합병증들은 내게 있어 매우 중요하다. 나는 이런 이유로 내 라이프스타일을 운영하고, 규칙을 철저하게 지킨다. 그러나 사실 이것은 나쁜 것에서 비롯된 좋은 것이다. 나를 괴롭히는 병이지만, 당뇨병은 내게 하나의 선물, 규칙이라는 선물을 주었다.

사실상 나는 당뇨병 때문에 더 건강해졌다. 왜냐하면 이 병을 잘 조절하기 위해, 내가 행동하고 먹는 모든 것에 절도를 지켜야 하기 때문이다. 또 더 활발하고 빈틈없는 생활을 해야 한다(나는 최근 몇 년 동안 이 규칙을 철저하게 받아들이고 지켜 왔다). 물론, 나는 뭐든 할 수 있고 먹을 수 있다. 단지 무엇이든 당연한 것으로 여기면서 소홀히 할 수 없을 뿐이다. 나는 운동을 해야 하고, 정기적으로 의사에게 검진을 받아야 한다. 그러나 가끔씩은 규칙들을 어기고 싶은 유혹에 빠지곤 한다. 그리고 때때로 유혹에 지기도 한다. 하지만 나의 당뇨병은 나를 궤도에 되돌려 놓기 위해 항상 존재한다. 만약 당뇨병이 없었다면, 내가 과연 이 규칙들을 견뎌 낼 수 있었을지 의문이다. 이는 다른 많은 사람들에 비해 내가 가진 이점이다. 당뇨병 덕분에 나는 현대인들에게 점점 증가하는 최악의 요인들(늘 앉아서만 지내고, 지나치게 탐닉적이고 대단히 위험한 생활방식)로부터 전반적으로 벗어났기 때문이다. 내가 이렇게 될 수 있었던 건 바로, 내가 만성적인 질병을 가지고 있기 때문이다. 나의 당뇨병은 내 자신도 믿을 수 없을 정도로

내 생활에서 힘과 집중력의 원천이 되었고, 이제 나는 오히려 당
뇨병을 잃게 될까 두려워하게 되었다.

2장 생활

83_인생의 또 다른 역할

춤이란 상대방을 전적으로 신뢰하고 즐길 때 비로소 빛을 발한다.

- 영화 <쉘 위 댄스 *Shall We Dance?*> 중에서
마이(*Mai: Tamiyo Kusakari* 분)의 대사

일본 영화 <쉘 위 댄스>는 평범한 직장인인 쇼헤이 스기야마 (Shohei Sogiyama: Koji Yakusho 분)의 삶을 다루고 있다. 그는 스무 살에 결혼하고, 서른 살에 아버지가 됐으며, 마흔 살에는 정원이 딸린 집을 구입한 중년남성이다. 도쿄에서(또는 샌프란시스코에서) 그 정도라면 상당히 성공한 편인 그는 이른 아침에 집을 나서서 밤늦게 귀가하는 직장에서도 헌신적으로 일하는 남자다. 그는 자신의 인생에 좀더 만족해야 한다는 것을 알고 있지만 실제로는 전혀 그렇지 못하다. 적어도 사교댄스를 발견하기 전까지는 말이다. 내가 일본인들로 가득 찬 한 극장에서 이 영화를

보던 당시, 관객들은 아이러니하고 부조리한 모든 상황 설정을 보며 좌석에서 데굴데굴 구르고 웃어댔다. 실제로 일본의 샐러리맨들이 사교댄스 교습소에 가는 경우는 결코 없기 때문이다. 그러나 관객들은 스기야마에게 환호와 격려를 보냈다.

스기야마처럼 우리 모두에게는 자신의 전문적인 직업에서 잠시 벗어날 수 있는 시간들이 필요하다. 그래서 로지 그리어(Rosie Grier)는 뜨개질을 하고, 마돈나(Madonna)는 카발라(Kabbalah: 유대교의 비의적 신비주의, 신비적 명상을 통해 종교적 황홀경을 체험하고자 하는 교리)에 심취해 있다. 실베스터 스텔론(Sylvester Stallone)은 그림을 그리고, 기네스 펠트로(Gwyneth Paltrow)는 요가를 즐긴다. 폴 뉴먼(Paul Newman)은 요리를, 해리 트루먼(Harry and Bess Truman) 대통령 부처는 프로레슬링을 즐겨 관람했다. 그런가 하면 제이 레노(Jay Leno, 미국의 유명한 토크쇼 진행자)는 오토바이를, 사라 미셸 겔러(Sarah Michelle Gellar, 미국의 여배우)는 볼링을 즐긴다. 인생에는 단지 한 가지 역할을 맡는 것 이상의 뭔가가 있다.

84_소박한 만족

얀켈로비치가 미국 전역을 대상으로 실시한 조사 결과에 따르면, X세

대(1965~1982년 사이에 태어난 세대)의 60%가 보다 소박한 라이프스타
일을 희망한다고 한다. 그리고 이들 세대는 그러한 자신들의 바람을 현
실화시키려고 노력하고 있으며, 베이비 붐 세대(1946~1964년 사이에 태
어난 세대)의 59%는 자신들이 결코 그렇게 하지 못했던 것을 후회하고
있다고 한다.

나와 내 아내 캐시는 어느 해 여름, 스웨덴의 고틀란드 섬에서
한 주일을 보냈다. 잔잔한 바다를 굽어보고 있는 비스비(Visby:
발트해의 스웨덴령 고틀란드 섬 서부에 있는 중심 도시)는 아름다운
중세의 성벽으로 둘러싸인 도시다. 또 자갈로 포장된 거리와 예
쁘게 가꾸어 놓은 공원들로 대단한 즐거움을 선사한다. 우리는
작은 통나무집에 머무르면서 자전거로 교외를 돌아다니고, 이것
저곳을 답사하며 그곳의 건축물들과 가게들, 그림들을 둘러보
고, 해변에서 책을 읽고, 잠을 자고, 먹고, 대화를 나누었다. 우
리에게는 스케줄이 없었고, 그 휴가에서 특별한 것도 전혀 기대
하지 않았다. 그곳에서 보낸 우리의 나날들은 작은 기쁨들로 가
득 찼고, 충분한 휴식과 재충전의 기회가 되어 주었다.

우리는 저녁마다 마을 광장을 거닐었다. 그리고 옛 교회 유적
옆에 위치한 작은 레스토랑의 테라스에 앉아 있고는 했다. 아내
와 나는 저물어 가는 하늘을 바라보면서 그 날 하루를 되새기곤
했다. 그런 다음 훌륭한 스웨덴 음식을 먹으면서 허물어진 대성

당 위로 비치는 조명 속에 가끔은 몽상에 잠기기도 했다. 특별한
건 아무 것도 없었다. 하지만 우리에게 있어 그 시간들은 더없이
값진 것이었다.

85_몰입의 즐거움

> 낚시는 스포츠를 넘어선 하나의 종교다.
>
> — 아이작 월튼(Izaak Walton, 1593~1683)

　제물낚시(깃털로 만든 모기 또는 파리 모양의 낚싯바늘로 하는 낚
시)를 하는 사람들과 이야기를 해보면 그들은 자신들의 낚시 경
험에 대해 거의 외경심으로 묘사한다. 얼음낚시에 심취한 사람
들 역시 마찬가지로 거의 경건한 종교인 같은 태도를 보인다. 영
화 <흐르는 강물처럼>을 통해 낚시에 문외한인 사람들도 낚시의
매력을 이해할 수 있다. 낚시를 즐기는 사람들은 대개 고독을 좋
아한다. 그렇지만 아이러니하게도 그들은 사실상 전혀 고독하지
않다. 그들은 강 한 가운데 서서 자신이 자기 존재보다 더 큰 무
언가와 연결되어 있다는 느낌을 갖는다. 낚싯줄을 던지고 릴을
감아올리고 또 다시 줄을 던지는 그 반복된 리듬을 통해 자신을
둘러싸고 있는 장엄한 세계 속에 몰입하고 무아지경에 빠지는 것

이다. 마라톤 주자나 기도에 몰입하는 사람들도 역시 그와 같은 느낌에 대해 이야기한다. 그리고 그들 중 어떤 이들은 그 순간 "우주를 발견한다"고 말하기도 한다. 인간은 누구나 일상에 활기를 불어넣기 위해 일상을 초월하는 시간 또는 혼자서 무엇인가에 몰입할 시간을 가질 필요가 있다.

86_현관을 열어라

얀켈로비치가 미국 전역에서 실시한 조사 결과에 따르면, 미국인의 60%가 현재 자신의 이웃들이 자기가 어린 시절에 알았던 이웃들보다 더 호의적이거나 친근하다고 대답했다.

우리집 뒤 베란다는 나무들이 울창하게 우거진 작은 계곡을 굽어보고 있다. 그래서 우리가 살고 있는 도시의 소란스러움을 등질 수 있는 조용한 공간이다. 이곳에서는 100피트가 넘는 나무들과 꽃이 만발한 덩굴식물들이 풍요롭게 우거져있고, 날쌘 동작으로 달아나는 야생동물들, 새떼, 간혹 맹금류까지 날아다니는 지연 경관을 마주할 수 있다. 안개가 긴 서늘한 가을 아침에 뒤 베란다에 나와 있노라면 마치 비밀스런 산 속의 은신처에 와 있는 것 같은 느낌이 든다. 하지만 우리 집 현관은 거리를 향해 활

짝 열려 완전히 노출되어 있다. 그래서 현관 베란다의 흔들의자
나 그네에 앉아 있으면, 내 이웃에서 일어난 모든 일들이 나와
연관을 가지고 있는 것 같은 기분이 든다. 이웃들은 내게로 와서
말을 건넨다. 우편배달부는 손을 흔들고, 아이들은 근처를 뛰어
다니며 논다. 개를 데리고 산책 나온 부부들은 고개를 까닥이며
인사를 건네고, 나는 배달부들이 꾸러미들을 던져 놓는 모습, 정
원사들이 잔디밭을 마무리 손질하는 모습을 지켜본다. 삶의 활
기가 그 구역을 오르내리며 넘쳐흐른다. 그리고 나는 우리 집 앞
현관에서 그 삶의 활기 속에 휩쓸린다.

내가 앞 베란다에 앉아 있는 시간은 날이 갈수록 점점 더 많아진
다. 언제나 나는 뒤 베란다에서의 고독을 갈망해왔지만 시간이 흐
를수록 마치 내 자신이 삶 그 자체로부터 서서히 떨어져 나와 내부
로 가라앉아 가고 있는 듯한 느낌이 들었다. 마침내 나는 내가 가
장 필요로 하는 것은 바로 우리 집 앞 현관에서 마주할 수 있는 공
동체 사회라는 것을 깨닫게 되었다. 그런 깨달음은 나로 하여금
이웃이라는 공동체 사회의 흐름 속에 함께 휩쓸리라고 부추겼다.
그곳은 생기로 가득하며 쉼 없이 약동하고, 내가 하기에 따라 우
호적이며 자양분이 가득한 공간이 된다. 그러나 나는 여전히, 이
따금씩은 탈출구로써의 뒤 베란다를 필요로 한다. 하지만 우리 집
앞 현관에서는 삶 그 자체를 통해 크나큰 활기를 느낄 수 있기 때
문에 나는 앞 현관을 멀리 하고 싶은 생각이 전혀 없다.

87_가족과 함께 하는 시간을 가져라

한 조사에 의하면 가정에서 아침 도시락을 싸 가지고 출근하는 사람들의 수는 1984년 이후 2배로 늘었다. 그리고 패스트푸드로 아침식사를 하는 사람들의 수 역시 1995년 이후 28% 증가했다.

현대인들 가운데 10%는 오전 5시에서 6시 사이에 출근을 시작한다. 그리고 우리는 교통 혼잡을 뚫고 제시간에 직장에 도착하기 위해 집에서의 식사를 건너뛴다. 물론 현재 많은 회사들이 직원들에게 아침식사를 제공하고 있지만, 보다 많은 시간을 요하는 업무, 증가된 생산성, 더욱 길어진 통근 거리와 더불어 현대인들 중 점점 더 많은 이들이 직장에 일찍 출근하여 전자메일을 확인하는 것을 시작으로 하루 종일 동분서주한다. 그리고 분주한 업무 때문에 가족과 보내는 시간은 점점 줄어들고 있다.

내 딸들이 어렸을 때 나는 1주일에 이틀이나 사흘 정도는 오전만 회사에서 근무하고 오후 시간은 재택근무를 하기로 직장 상사와 타협했다. 그리고 나는 내 아이들과 함께 있을 수 있었다. 아이들이 아침에 일어나는 시각에는 내가 옆에 있지 못했지만 아이들이 낮잠을 자고 일어날 때는 곁에 있을 수 있었다. 내 업무 중 어떤 것들은 늦은 저녁에 시간을 내어 처리해야 했지만, 내 딸들과 좀더 많은 시간을 함께 하기 위해 나는 잠을 줄이기로 결정했다.

88_ 한곳에 정착하다

「뉴욕 타임스New York Times」지가 전국을 대상으로 한 여론 조사에서 응답자의 61%가 자신의 지역 공동체에 확고한 유대관계를 갖고, 이곳저곳으로 빈번하게 이사를 다니지 않았던 시절의 미국이 훨씬 더 좋았다고 대답했다.

나는 수없이 이사를 다닌 경영간부들을 많이 알고 있다. 그들 가운데 어떤 CEO는 지난 12년 동안 10번이나 이사를 다녔다. 이 사람은 좀 극단적인 경우지만 그렇다고 특별히 드문 것도 아니다. 수없이 이사를 다녔던 사람들은 하나같이 어느 시기에 이르러서는 결국 이사하는 걸 멈춘다. 그리고 그들도 나처럼 살게 된다. 나는 몇 년 전에 한곳에 정착했다. 그리고 새 일 때문에 다시 이사를 가야 할 일이 생겨도 거주지를 옮기지 않았다.

나는 소속감을 느낄 수 있는 한 장소를 원했다. 아니 그보다는 우리 가족이 소속감을 느낄 수 있는 곳을 원했다. 몇 년마다 한 번씩 이사를 다니는 것이 우리 가족에게 매우 힘든 일이라는 것을 나는 알았다. 결국 일은 나를 계속 바쁘게 만들 것이고, 흥미로운 곳들로 데려갈 것이다. 그러나 내 가족들은 내가 그들을 데려간 곳들에서 매번 새롭게 적응해 나가며 일상생활을 해야 한다. 안정된 환경은 그들에게 가장 중요한 것이었다. 끊임없는 이사는 나보다는 내 가족들에게 더욱 나쁜 영향을 미칠 것이다. 그들은 불안정하게 떠돌고 있다는 느낌을 지속적으로 갖게 될 테니까.

나는 결단을 내렸다. 우리 가족은 우리 마음에 드는 한 장소에 마침내 정착했다. 일 때문에 내가 먼 곳으로 가야 할 때면 우리 가족은 그대로 그곳에 살게 하고 나 혼자 비행기를 타고 이곳저곳을 오가기로 결정했다. 그렇게 하면 적어도 주말만큼은 우리 집에서 가족과 함께 보낼 수 있었다. 개인적으로 내게 있어 이 결정은 귀속을 위한 작은 시도에 불과했다. 나는 여전히 많은 시간을 멀리 떨어진 곳에서 보내고 있기 때문이다. 그럼에도 불구하고, 이 결정 덕분에 나는 내 가족과 함께 지낼 수 있는 한 장소에 대한 소속감을 느낄 수 있다. 그곳은 우리를 위한 진정한 보금자리이다.

89_솔직하게 칭찬하라

그의 입술로 나에게 키스하게 하라!
네 사랑은 와인보다 달콤하고,
네가 바르는 기름은 향기롭고,
네 이름은 향기를 퍼뜨리니,

그래서 처녀들은 너를 사랑하지.

-「아가서 1장 2절~3절」

참으로 굉장한 표현이다. 이것은 고대 헤브루의 사랑 노래로 한 여성이 자신의 연인에게 찬사를 바치는 것이다. 오늘날의 우리들은 다른 표현을 사용하겠지만 그 감정만은 여전히 똑같다. 자기가 사랑하는 사람에게 의도적으로 과장된 찬사를 퍼붓는 것은 얼마나 즐거운 일인가. 그처럼 듣기 좋은 찬사를 하려고 애를 쓰는 건 전혀 노동이 아니다. 그것은 상대방과 자기 자신에게 즐거움을 주기 때문이다. 옛 속담과는 달리, 의도적인 칭찬은 우리가 생각한 것보다 훨씬 더 값진 성과를 이루는 경우가 많다. 이것은 가족들, 직장 동료나 이웃들에 대해서도 적용되는 본보기다.

90_친절을 위한 시간

어떤 사람이 예루살렘에서 여리고(Jericho: 요르단 강 서안에 있는 도시)로 가고 있었다. 그런데 도중 한 무리의 강도를 만났다. 강도들은 그가 가진 것을 모두 빼앗고 그를 흠씬 두들겨 팼으며 반쯤 죽은 상태의 그를 그냥 내버려두고 사라졌다.

-「누가복음 10장 30절」

선한 사마리아인의 우화는 이렇게 시작된다. 몇 년 전에 프린스턴 신학교에서 바로 이 우화의 장면이 재연되었다. 학생들 중 한 그룹에게는 취업 기회에 관한 연설을 준비하라고 했고, 또 다른 한 그룹에게는 선한 사마리아인의 우화를 읽고 그것에 대한 토론을 준비하라고 했다. 그러고 나서 학생들을 캠퍼스 건너편의 녹음실로 보냈다. 학생들은 가는 도중에 기침과 신음을 하면서 고통스러운 모습으로 거리에 누워 있는 어떤 사람을 만났다 (이것은 학교 측에서 학생들을 시험하기 위한 계산된 연출이었다). 그런데 그곳을 지나간 마흔 명의 학생 중에 그 사람을 돕기 위해 걸음을 멈춘 것은 불과 열여섯 명뿐이었고, 스물 세 명은 그대로 지나쳤다. 그리고 나머지 한 명은 쓰러져 있는 그 사람을 뛰어넘고 지나갔다.

기대와는 달리, 이 성경의 우화를 읽은 사람이라고 해서 반드시 타인에게 도움을 주기 위해 가던 걸음을 멈추지는 않았다. 그보다는 녹음 시간에 늦었다는 말을 들은 학생들은 멈추지 않았고, 천천히 와도 된다는 말을 들은 학생들은 걸음을 멈추는 경우가 더 많았다. 여기서 우리가 배울 점은 무엇일까? 업무상의 약속들이 빼곡히 적혀 있는 작은 수첩을 들고 한 약속에서 다음 약속으로 서둘러 가는 사람들이 반드시 나쁜 사람들은 아니다. 그러나 그런 사람들은 연민, 우정, 봉사를 위한 기회들을 놓치기 쉽다. 우리는 어쩌면 사람들을 뛰어넘고 그냥 지나갈 수도 있다.

91_위험을 무릅쓴 용기

이 세상에서 선(善)의 이미지를 표출하면서 살아가는 능력은 오직 우리 인간만이 지니고 있는 것이다. 왜냐하면 신이 우리를 창조할 때 우리에게 선한 것, 진실한 것, 아름다운 것을 상상하고 표현할 능력을 주셨기 때문이다.

-피터 고움즈(Peter Gomes)

어느 날 콘서트홀로 가는 길에 근처의 극장에서 아서 밀러의 <세일즈맨의 죽음>을 보고 나오는 한 여성을 만났다. 그녀는 자기 차의 시동이 걸리지 않는 데다 현금이나 신용카드도 가지고 있지 않아 집으로 돌아가지 못하고 있다고 설명했다. 내가 견인차 비용을 대신 내주고 그녀를 도와줘도 될까? 몇 가지 생각들이 내 머리 속에 떠올랐지만 정확히 내가 어떻게 처신해야 할지 알 수 없었다. 내 주머니 속에는 그녀의 문제를 해결해줄 수 있는 돈이 있었다. 나는 그녀에게 내 주소를 알려 주었다. 그러면 그녀는 내게 수표를 보내줄 수 있을 테니까. 나는 그녀가 부담을 느끼지 않기를 바랐다. 그리고 내가 돈을 건네주었을 때 그녀는 조금 놀란 것 같았지만 무척 고마워했다. 그 날 콘서트홀에서의 음악은 훨씬 더 아름다웠다. 그것이 실제로 더 아름다웠던 건지, 아니면 내 마음이 그렇게 받아들인 것인지 잘 모르겠다. 그러나 선(善)과 아름다움이 자연스럽게 내 마음속에서 결합된 것은 사실이다.

영화 <그랜드 캐년>을 보면 성격이 급한 한 운전자가 농구 경기를 관람하고 난 후 늦은 밤 지름길을 찾다가 그만 길을 잘못 들어 무시무시한 우범지대에 들어서게 된다. 그의 차가 엔진 고장을 일으켰을 때 그는 공포에 사로잡히기 시작한다. 그도 그럴 것이 곧 한 무리의 고물차가 다가오면서 상황이 더욱 으스스해졌던 것이다. 그러나 잠시 후 견인차가 오고 견인차 운전수와 그 말썽꾼들 간에 대화가 잇따른다. 절박한 위험에도 불구하고 견인차 운전수는 겁을 잔뜩 집어먹은 남자에게 자기 차에 타라고 지시하고는 그의 차를 갈고리에 걸고 나서 한 마디 말도 못하는 갱들을 뒤에 남겨둔 채 차를 몰고 떠난다. 견인차 운전수는 이것저것 따지지 않고 자기 목숨과 직업을 잃을 수도 있는 위험을 무릅썼다. 그것은 당연히 해야 할 일이었던 것이다.

때때로 우리는 우리가 옳거나 진실하거나 아름다운 것이 어떤 것인지 알고 있다고 생각한다. 그리고 때때로 우리는 자기 내면의 목소리에 따르면서 이 세상은 살 만하다고 느끼기도 한다. 아니 분명히 인생은 살 만하다.

92_웃음의 효과

웃는 사람은 웃지 않는 사람에 비해 실제로 더 오래 산다.

– 제임스 D. 월시(James D. Walsh)

「새터데이 리뷰Saturday Review」지의 작가이자 편집자인 노먼 커즌스는 생명을 위협하는 자신의 심각한 병을 치료하는 과정에 유머를 덧보탬으로써 그 병을 물리쳤다. 그의 병은 최고의 의술만으로 치유된 것이 아니었다. 커즌스는 여러 가지 방법으로 (가령, 코미디 영화를 보면서) 절망을 웃음으로 극복하면서, "웃는 것이 가장 좋은 약이다"라는 옛 속담의 진실을 말과 행동을 통해 증명했다.

93_가벼움의 예찬

한 연구에 의하면 웃음은 에어로빅 운동과 같다고 한다. 이 운동은 산소 흡입량을 높이고 혈압을 떨어뜨리면서 지속적인 이완상태를 통해 긴장을 서서히 빠져나가게 하기 때문이다.

대학원을 졸업한 후 처음으로 들어간 직장에서 나는 어깨에 잔뜩 힘을 주고, 한껏 폼을 잡으며 잘난 체하는 풋내기 그 자체였다. 나는 통계학과 여론 조사에 대해 내가 받은 교육이 그 회사를 기점으로 하여 장차 미국의 비즈니스 업무에 일대 변화의 바람을 불러일으킬 거라고 확신했다. 그것은 내게 있어 심각한, 너무도 심각하고 막중한 임무였다. 그래서 나는 미소를 짓거나 킬킬거리며 웃을 수가 없었다. 그러던 어느 날, 내 우편물 상자 속에서 익명으로 보내온 풍자만화 한 편이 눈에 띄었다. 그것은 어느 잡지에서 오려 낸 것으로 파티 장을 떠나는 한 커플이 묘사되어 있었다. 남자는 팔에 이젤을 끼고 있었는데, 거기에는 통계 차트가 그려져 있었다. 그리고 여자는 파티 장을 떠나기 위해 문 앞에 서서 그 남자를 비난하고 있었다. 그런데 내게 보내온 그 만화에는 여자의 풍선 글에 들어가 있던 남자의 이름이 지워진 대신 내 이름이 씌어져 있었다. "워커, 솔직히 당신은 당신의 통계들로 모든 사람들을 괴롭히고 있어요."

그것은 상당히 기지에 넘치는 장난이었다. '워커'라는 이름을 가진 사람은 회사에서 나뿐이었다. 그러나 나는 그것을 개인적인 모욕으로 받아들이려 하지 않고, 오히려 하나의 교훈으로 받아들였다. 내가 조금 더 밝고 가볍게 행동한다면 훨씬 더 일을 잘 해낼 수 있을 거라고 말이다. 나는 이 교훈을 내가 하는 일에 적용시킴으로써 여러 해 동안 훨씬 더 큰 성공을 이루어 왔다고 생각한다. 비즈니스 종사자들은 기본적으로 웃음에 인색할 뿐만 아니라 웃음에 대해 일종의 두려움마저 가지고 있다. 그들은 단순히 웃어넘길 일도 혹시 사람들이 자신을 진지하지 못하다고 평가하면 어떡하나 하는 염려로 애써 웃음 짓지 않는다. 그러나 나는 밝은 웃음이야말로 흔히 우리를 초조하게 만드는 굳은 표정들에서 해방시키고, 불편한 관계에서 서로 비난하고 논쟁하는 것을 보다 쉽게 해결할 수 있도록 한다는 것을 깨달았다.

나는 항상 내 자신에 관한 유머로 강연을 시작한다. 내 강연은 우리 회사가 수집한 자료들에 나타난 판매 동향들에 관한 것인데, 간혹 내 청중들 중에는 통계학자들을 항상 약간의 미심쩍은 시선으로 바라보는 경영자들이 있다. 그래서 나는 "오늘 아침 여러분은 얼굴에 미소를 띠면서 상쾌한 기분으로 하루를 시작하셨을 겁니다. 그런데 남의 회사에 대한 통계자료를 가지고 이런저런 숫자 놀음을 하는 저 때문에 그 기분을 망치게 될지도 모르겠군요."라는 말로 강연을 시작한다. 그리고 나서 잠시 뜸을 들인 다음 계속해서 말한다. "틀림없이 여러분은 제가 여기 서서 1시간동안 이해하기 어려운 딱딱한 말과 통계 숫자들로 여러분을 고문할 거라고 걱정하고 있을 겁니다. 하지만 그렇지 않습니다. 저는 그런 류의 연구자가 아니니까요. 흔히들 통계는 믿을 게 못된다고, 통계는 순전히 엉터리라고 말하죠. 하지만 저는 그런 류의 통계학자가 아닙니다. 저는 엉터리 거짓말쟁이보다 훨씬 더 한 사람이거든요!"

멋진 "하하"는 사람들에게 중요한 "아하!"를 준비시킬 수 있는 최선의 방법이다. 그리고 사람들이 만일 강연 도중에 내내 "아하!"라고 고개를 끄덕이지 않는다면 내가 그 강연의 끝에 노리고 있는 "아멘(기독교에서 쓰이는 말로, 자신도 진실로 그와 같기를 기원한다는 동조의 뜻)"에 도달하지 못한다. 처음 출발할 때 긴장감을 풀어놓을 수 있는 격의 없는 웃음은 앞으로 말할 심각한 메시지를 위한 최고의 서론이다.

3장 행복

94_ 이기심을 버리고 삶을 즐겨라

단지 개인적 행복을 추구하기 위해 점점 더 빨리 달려갈 때, 사람들은
자기 자신을 쫓아가는 헛된 노력에 지쳐 버린다.

— 앤드류 델반코(*Andrew Delbanco*)

우리 딸 마기가 한 살 때의 일이다. 장난감의 줄이 마기의 기
저귀에 걸렸다. 이층으로 올라가는 계단 아래에서 놀고 있던 아
이는 바로 앞에 있는 장난감을 발견하고 잡으려 했지만 자기가
움직일 때마다 장난감도 계속 앞쪽에서 움직였기 때문에 장난감
주변을 뱅글뱅글 돌면서도 잡을 수가 없었다. 마기는 '자신의 꼬
리를 추적'하다가 결국 지치고 말았다. 우리는 지금도 이 이야기
를 하면서 자주 웃곤 한다.

마기의 경험은 앤드류 델반코가 말했던 것처럼 인생의 어떤 부
분에 대한 은유이다. 나는 자기 자신과 자신의 행복을 쫓아가는

것의 허망함을 일찍이 간파했던 전도서의 작가를 떠올린다. 내 어린 딸의 경우처럼 그것은 그냥 벗어버리기만 하면 된다. 전도서의 저자는 솔로몬 왕의 입을 빌어, 그가 어떻게 자신을 위해 집을 짓고 포도나무를 심고 여러 동산과 과수원을 만들고 못을 파고 많은 금과 은을 모았는지 이야기하고 있다. "무엇이든지 내 눈이 원하는 것을 내가 금하지 아니했다"라고 그는 말한다. 그러나 그는 또한 다음과 같이 결론을 내린다. "그러고 나서 나는 내 손이 했던 모든 것에 대해 생각했다. 그 모든 것은 헛된 것이며 바람을 쫓는 것이었다(「전도서 2장 10~11절」)."

이 고대 헤브루의 현자(賢者)는 우리의 행복 추구에 대해 통명스럽게 비난한다. 그러나 한 편으로는 삶을 위한 대체적인 전략 하나를 제시한다. 그 전략은 삶의 기쁨을 부차적(副次的) 결과로 가져오는 것으로 자신의 독자들로 하여금 냉소적으로 웃게 만들기보다는 우리의 이기적인 노력에서 벗어나 인생이 펼쳐지는 대로 삶의 선물을 즐기라고 권한다. 그리고 "인간에게 있어 먹고 마시고 자신의 노력 속에서 즐거움을 발견하는 것보다 더 좋은 것은 없다(「전도서 2장 24절」)"고 가르친다.

즐거움을 만들어 내기 위해 점점 더 빨리 달릴 필요가 없다. 그보다는 오히려 인생을 있는 그대로 신의 선물로 받아들이고 즐거움을 누려야 한다.

95_완벽의 값어치

지방흡입술에 관한 한 분석 결과에 따르면 수술 과정에서 사망한 사례
는 5224건이나 된다.

성형(또는 보다 교양 있는 용어를 사용하자면 '미학적') 수술은 폭
발적으로 증가하고 있는 산업이다. 더구나 헬스클럽에서의 운동
이 효과가 없을 때 이 대체적인 방안은 점점 더 늘어난다. 의료
면허증을 소지하고 있는 의사에게 성형수술을 받은 사람의 수는
1998년도에 100만 명 이상으로 급증했다. 그리고 1992년 이래
보톡스 시술(Botox: 운동신경과 근육이 만나는 곳에서 신경전달물질
인 아세틸콜린Acetylcholine의 분비를 막아 근육을 마비시키고 살을 빼
는 시술)은 328%의 증가율을 보였고, 눈꺼풀 수술은 102%, 이마
수술은 172%, 넓적다리는 270%, 팔뚝은 347%, 복부 주름 수술
은 177%로 증가했다. 가장 인기 있는 성형수술인 지방흡입술은
4만 7212건에서 17만 2079건으로 증가했다.

이처럼 살갗을 깊이 벗겨 내는 것은 물론 미용 때문이다. 그렇
다면 왜 한 달에 한 번씩 마사지를 받는 것과 같은 대체적인 방법
에는 돈을 쓰지 않는 걸까? 왜 뒷마당의 정원을 다시 가꾸거나
세상 반대편의 영양실조에 걸린 아이들을 후원하는 일에는 돈을
쓰지 않는 걸까? 보다 큰 만족을 안겨다 주는 목표는 완벽함이

아니라 평화이다.

96 _ 명성의 영향력

많은 대중 스타들은 자신의 명성에 신경을 쓴다. 그러나 상을 받고 인정을 받는 것은 개인적인 사랑과 관심의 지표가 아니다. 그러한 관심은 대체로 어느 한 순간의 덧없는 여론의 환상에 지나지 않기 때문이다.

대학 시절 나는 100마일이나 떨어진 곳에 있는 내 여자친구를 만나기 위해 주말마다 히치하이킹(Hitchhiking: 엄지손가락을 들어 차를 얻어 타는 행위)을 하곤 했다. 어느 늦가을, 일요일 오후 나는 학교로 돌아가기 위해 엄지손가락을 치켜세운 채로 고속도로 옆에 서 있었다. 엷은 녹색을 띤 청색 스포츠카가 멈춰 섰고 나는 그 차에 올라탔다. 그 차의 운전자는 자기소개를 하고는 내가 당연히 자기 이름을 알고 있을 거라고 생각하는 눈치였다. 그러나 나는 그가 누군지 전혀 몰랐다. 거북스러운 침묵이 계속되었다. 그래서 나는 뭔가 분위기를 바꿀 수 있는 말을 허둥지둥 꺼냈다. "차가 아주 멋지네요." 그게 내 입에서 나온 말이었다. 하지만 아무런 도움도 되지 못했다. 또 다시 침묵이 흘렀고, 나는 다시 시도했다. "캠퍼스 어디에 사세요?" 그는 "돔"이라고 말했다. 나는 잠시 시간이 흐르고 난 후에야 '돔'이 농구팀 기숙사라는 사실을 깨달았다. 그래서 나는 농구에 관해 대화를 나누면 되겠다고 생각했다. "와, 농구팀 기숙사군요.", "네, 맞아요." 그가 대답했다. 실제로 그는 농구팀에서 농구를 했다. 아, 마침내 나는 생각했다. '그와 나에게는 공통분모가 있구나, 둘 모두 서클 활동을 하고 있으니.' 나는 지나치게 열성적으로 그의 관심을 서클 활동에 끌어오려 노력했다. "정말 멋지군요. 난 토론 팀에 있어요." 이번에는 깊은 침묵이 흘렀다. 그런데 그의 얼굴에는 이상한 표정이 떠올라 있었다. 나는 마지막 시도를 하기 위해 분발했다. "주전이에요, 아니면 후보?" 그가 어정쩡한 미소를 띤 얼굴로 나를 돌아보았다. 그리고 그는 반은 조바심에 차 있고 반은 가소롭다는 표정으로, 이번 해에는 주전으로 뛸 것 같다고 말했다.

바로 그 때, 내 머리 속에 전구가 번쩍 하고 켜졌다. 그는 다른 대학에서 우리 대학으로 새로 스카우트되어 온 유명한 농구선수였다. 그런데 나는 그의 차안에서 내가 토론 팀 소속이라고 떠들어 대고 있었던 것이다. 나는 우리 학교 농구 팀의 예상 성적과 전략에 관해 한참을 떠벌리고 난 후에야 비로소 그가 누구인지 알아차렸다. 그는 대학과 프로농구에서 한 동안 화려한 명성을 날렸다. 그러나 이제 그의 이름은 한창 떠올랐다가 사라져 간 다른 유명 스타들의 신전 속으로 사라져 버렸다.

나는 다른 사람들의 관심을 끌기 위해 그의 지명도에 기대어

이 이야기를 들려주곤 했다. 그러나 그건 오래 가지 못했다. 그의 명성은 이제 그다지 영향력이 없었다. 이제 나는 이 이야기를 오직 내 자신을 위해서 한다. 이 이야기는 내게 명성이란 단지 잡지와 영화를 팔기 위해 매스컴에 의해 조작된 것에 지나지 않는다는 것, 인생은 내게 내 자신만의 차를 주었다는 것을 상기시킨다. 그리고 나의 차는 대체적으로 훌륭하게 잘 굴러왔다.

97_행복의 기준

복권 당첨자들에 관한 연구에 의하면 당첨되고 나서 1년 정도의 시간이 지난 후, 그들의 삶은 복권에 당첨되기 전에 비해 더 행복하지 않다고 한다.

그 반대 역시 진실이다. 불행한 사건이나 정신적 충격을 겪은 사람들이 사건을 겪고 난 이후라고 해서 그 이전보다 덜 행복한 것은 아니기 때문이다.

연구자들은 우리가 얼마나 행복한지는 그 원인의 절반이 우리의 유전인자에 있다고 추정한다. 우리가 노력하기에 따라 우리 자신을 훨씬 더 행복하게 만들 수도 있고, 실제로 훨씬 더 불행하게 만들수도 있다는 것이다. 따라서 만일 행복이라는 것이 우리가 어디로 갈지 어느 방향을 택할지를 결정할 때 사용하는 도로 지도와 같은 것이라면, 우리는 그 지도에 나와 있는 범위 너머로는 갈 수 없다. 즉 우리는 우리를 더 행복하게 만들어 줄 거라고 생각하는 것들을 성취하고 난 이후에도 계속해서 늘 같은 기분을 느낀다는 사실을 되풀이해 발견하고 이 때문에 좌절감 역시 느낀다. 이는 완전히 도달할 수 없는 것은 단념해야 한다는 말이 아니라, 다만 우리가 나아가는 곳을 이치에 맞게 결정할 필요가 있다는 말이다.

경영 컨설턴트로서 능력을 인정받아 오던 내 친구는 일을 그만두고 지방 도시로 가서 프리랜서 기자 생활을 하기로 마음먹었다. 그리고 그는 마침내 자기 삶의 모든 괴로움들로부터 벗어날 수 있게 되었다고 생각했다. 그러나 나는 그가 단 1분도 여유가 없었던 것에 대해 불평했던 것 못지않게 자기 마음대로 사용할 수 있는 시간에 대해서도 불만을 가지고 있다는 걸 알아차렸다. 그러나 그는 여가시간에 그 지역사회에서 이제 막 사업을 시작했거나 시작하려는 사람들에게 무료로 컨설팅을 해주는 한편, 은퇴한 경영간부들을 모아 그들의 능력을 필요로 하는 사람들에게 연결해줄 수 있는 네트워크를 구축했다. 이제 그는 자신에게 가장 큰 만족을 주는 여가시간을 즐길 뿐만 아니라, 이 과외활동에서도 열심히 일하고 있다. 물론 자신의 일상적인 삶에 대해 여전히 불평을 늘어놓고 있긴 하지만 말이다. 자신에게 기분 좋은 일들만이 아니라 남을 위해 선행을 베푸는 것 역시 우리의 삶이 막다른 골목으로 우회하지 않게 해준다.

98_소박한 삶의 아름다움

성실한 삶은 부를 가져다준다. 그러나 그것은 신 앞에서 인간존재의 풍요로운 검소함이다. 우리는 빈손으로 세상에 태어나 빈손으로 돌아간다. 그러므로 만일 식탁 위에 먹을 빵이 놓여 있고 발에 신을 신고 있다면, 그것으로 충분하다.

  — 성 바울(「디모데전서 6장 9절」)

의학박사인 내 친구 스튜어트는 다른 의사들이 일하는 양의 절반 정도만 일한다. 그래서 그는 보통 의사들이 버는 수입의 절반 정도만 번다. 그러나 그의 인생은 풍요롭고 충만하다. 스튜어트는 툴레인대학과 에모리대학에서 공부를 마친 후, 동료들 간의 격심한 생존경쟁을 피하기 위해 켄터키의 한 중소도시에서 개업했다. 그는 높은 보험료를 지불하고 싶지 않았다. 그리고 자녀들을 대도시의 분주함 속에서 키우고 싶지도 않았다. 그는 작은 농장을 하나 구입하여 많은 치자나무를 심었다. 그리고 환자들과 대화를 나누고, 철학과 신학 서적들을 읽고(내가 그를 처음 찾아

갔을 때 나는 후두염을 앓고 있었는데도, 그는 나와 플라톤에 대해 토론하고 싶어 했다), 그 지역의 교회에 다니고, 자기 딸의 축구팀을 코치하면서 시간을 보냈다. 물론 그는 의사로서도 대단히 훌륭했다.

성 바울이 말한 최저생활과는 거리가 멀 정도로 의사로서 스튜어트의 수입은 여전히 넉넉하다. 하지만 그는 많은 이들이 혁신적이라고 생각할 선택을 감행했다. 그는 보다 소박하게 살며 삶과 조화를 이루고 일하기로 선택한 것이다. 그리고 그 결과 그의 인생은 보다 인간미가 넘친다. 그런 선택을 하는 것에는 용기가 필요하다. 그러나 그 결과는 어마어마한 열매를 맺는다.

99_ 가족을 우선으로 하는 성공

브렌다 반스(Brenda Barnes: 펩시콜라 북미 지역 최고 경영자 자리를 내던져 큰 화제를 모았던 여성 경영인)가 자기 가족들과 더 많은 시간을 보내기 위해 펩시콜라 북미 사장 및 이사직을 사임했다는 소식은 미국 전역을 강타한 빅뉴스였다. 이는 수년 간의 여행과 오랜 시간이 마침내 만회된 것으로 브렌다에게 있어 사업은 더 이상 보상의 가치가 없는 것이었다.

가족이 펩시콜라를 이겼다. 요즘에는 많은 이들이 브렌다와 같은 선택을 하고 있다. 그 밖의 모든 것을 배제하고도 일은 점점 더 감내하기 힘들어지고, 삶은 우리 스스로가 떠맡기를 원하는 일종의 시련이기 때문이다.

브렌다의 경우는 오늘날 직장에서의 전반적인 변화를 보여주는 전형적인 한 예이다. 직장에서 성공가도를 달리고 있는 재능과 학식을 겸비한 캐리어우먼들은 이제 성공에 대한 정의를 다시 찾고 있다. 그리고 성공은 우리의 우선사항들의 범위와 본질적인 가치의 관점에서 다시 정의되어지고 있다. 이것은 직장에서의 성공을 넘어선 개념이다. 성공이란 우리가 성취한 것에 의해서만이 아니라 우리가 희생한 것들에 의해서도 측정되어진다는 얘기다. 생활에서의 희생이 크면 클수록 일에서 성공하는 비율은 더 적어진다. 그러므로 대단한 직업을 뒤로 하고 떠나도 여전히 성공한 것으로 간주될 수 있다. 사회적 지위는 이제 우리가 얻은 것들보다는 우리가 포기한 것들과 점점 더 많은 관련성을 가진다. 바로 그 때문에 여성들이 성공의 새 정의를 이끌고 있는 것이다. 여성들은 일하는 과정에서 남성들보다 훨씬 더 큰 희생을 치르면서 훨씬 더 힘들게 결과들을 이루어 냈다.

내 여동생도 바로 그렇게 성공한 여성이다. 그리고 내게 있어 그녀는 하나의 본보기다. 그녀는 프로그래머로 경력을 시작했고, 빠르게 승진하여 프로젝트 책임자가 되었다. 이어서 기획이

사 자리에도 올랐다. 그녀는 더 높은 지위를 향해 계속 나아가고 있었다. 그러던 어느 해, 그녀는 일과 가족 중 어느 것에 더 많은 시간을 부여할 것인지 결정해야 할 시점에 이르렀다. 그녀의 딸들이 이전보다 엄마의 관심을 더 많이 필요로 하는 시기가 왔기 때문이었다. 내 여동생은 자신에게 필요한 시간을 얻기 위해 자진해서 프로그래머로 되돌아갔다. 나도 그처럼 용기를 낼 수 있을지 모르겠다. 내가 내 여동생에게서 배운 것은, 성공은 기초적인 재료만으로 이루어지는 게 아니라 많은 조미료들과 더불어 이루어진다는 것이다.

4장 **자양분**

100_사소한 것의 가치

물질주의와 경쟁에 깊이 연루되어 있는 현대 사회에서 대부분의 사람들은 자신들의 행동이 다른 사람들과 차이 나지 않을까 하는 두려움 때문에 사회적으로 계속 무관심한 태도를 취하고 있다. 그러나 만일 모든 미국인들이 이처럼 소극적인 자세로 머물러 있다면 그 집단적인 결과는 파괴적이다.

만일 내가 달리기를 하고 있을 때 길에 못 하나가 뒹굴고 있다면 나는 멈추어서 그것을 주울 것이다. 그건 굉장한 일은 아니지만 적어도 가치 있는 행동이라고 확신하기 때문이다. 또 자동차가 지나가다 그 못 때문에 타이어에 펑크라도 난다면 그것은 내 책임이기도 하다.

나는 거의 1주일에 한 번 꼴로 못 하나를 발견하고 줍는다. 그리고 때때로 친구들에게 그 못들이 전부 어디서 굴러 온 것인지에 대해 농담을 하기도 한다. "아마도 근처의 집들과 사무실들이 점차적으로 무너져 내리고 있을 거야. 못이 하나씩 빠져나가 결국엔 폭삭 주저앉을 거라구"라든가 "어쩌면 다람쥐들이 그 못들을 발견했는데, 그게 먹을 수 없는 거라는 걸 알아차리고는 도로에 던져 놓는 건지도 몰라"라거나 "어쩌면 그건 몇몇 사람들에게만 알려져 있는 비밀스러운 의식인지도 모르지"라는 등의 것이다. 그러나 이 모든 농담들에도 불구하고 사람들은 그 못들이 그렇게 심각한 게 아니라고 생각한다. 그리고 주울 필요성을 느끼지 못한다. 하지만 나는 그 못들이 자꾸 신경 쓰인다. 왜냐하면 나는 장애물 없는 도로를 좋아하기 때문이다. 깨끗한 도로는 우리가 인생을 살아가면서 부딪치게 될지도 모르는 우발적인 사고들을 줄여 준다. 예를 들어 만일 우리 모두가 버려진 못 줍는 것을 중요하게 여긴다면 우리의 도로가 얼마나 깨끗하고 안전하게 될지 생각해보라. 그래서 나는 항상 가던 길을 멈추고 못을 줍는다. 사소한 일들이 중요하다는 믿음에서다. 그리고 실제로 사소한 일들이 큰일들에서 가장 큰 차이를 만들어 내는 경우가 많다.

101_아름다운 귀향

　미국 동물병원협회에서 실시한 한 조사에 의하면 애완동물을 가지고 있는 사람들의 57%가 만일 자신이 무인도에 떨어진다면 사람보다는 자신의 애완동물과 함께 있는 게 더 좋다고 대답했다. 의학 연구조사에 의하면 애완동물을 기르는 사람들은 그렇지 않은 사람들에 비해 더 건강하기 때문에 보험 계약 시 보험료 산정에 있어 혜택이 주어진다고 한다.

내 친구 그레그는 자기가 일하던 회사가 경쟁사에 매각되자 고향에서 멀리 떨어진 대도시로 이사했다. 그는 파격적인 승진이나 보다 높은 봉급, 훨씬 더 큰 회사에서의 새로운 기회에 대해 만족했다. 하지만 그와 그의 가족들은 결코 편안함을 느끼지 못했다. 그들은 고향으로 되돌아갈 기회가 오기만을 기대했고, 그 기대는 몇 년 후 그의 회사가 또 다른 변화를 맞이하게 되었을 때 이루어졌다.

어느 날 오후 나는 그레그를 만나 그의 귀향에 관해 이야기를 나누었다. 그는 자기가 도시의 생지옥 같이 혼잡한 도로들에 얼마나 충격을 받았는지 설명하면서 언제나 러시아워가 풀리기를 기다렸다가 밤늦게 퇴근할 수밖에 없었다고 했다. 그리고 집으로 돌아가서는 항상 뒤뜰로 갔는데, 그곳은 불과 약 1년 전, 그의 개가 묻힌 곳이었다. 그의 개는 아주 활달한 늙은 암캐였고, 그에게 큰 즐거움은 자신의 개와 함께 있는 것이었다. 그가 직장에서 지친 몸으로 돌아오면 제일 먼저 반겨 주는 것도 개였다. 개는 그에게 더할 수 없는 활력을 불어넣어 주었다. 그리고 무려

17년 동안 내 친구와 그 가족의 일원이었다.

그레그는 이제까지 힘들게 견뎌왔던 도시를 떠나기 전, 자신이 그토록 그리워하던 고향으로 돌아가기 전에 개의 유해를 파내어 상자에 조심스럽게 넣고 봉인해서 자동차 뒷좌석에 놓았다. 그와 그의 가족들이 고향으로 되돌아갔을 때 친숙한 뒷마당에 다시 묻기 위해서였다. 그레그는 내게 다소 농담조로 이렇게 말했다. "나는 그 도시가 너무 싫었어. 나는 내 개를 그곳에 남겨 두고 떠난다는 게 견딜 수가 없었어!"

그는 아직도 그 이야기를 할 때면 목소리와 표정에 잔뜩 힘을 주면서 말하곤 한다. 그러나 터프가이(Tough Guy)인 척 허세를 부리는 이면에 그가 진짜 하고자 하는 이야기는 도시보다는 개에 관한 이야기라는 것을 느낄 수 있다. 그에게 있어 귀향은 그가 고향으로 돌아가는 것을 의미하는 것일 뿐만 아니라 자신의 개와 함께 그곳으로 돌아가는 것을 의미했다. 사실상 그는 개의 유해를 함께 데려가지 않을 수 없을 정도로 개를 사랑했고, 개가 없이는 고향 같은 느낌을 결코 느낄 수 없었던 것이다.

102_포기하는 것에서 얻는 풍요로운 삶

1990년부터 1996년까지 180만 명이 도시에서 시골로 이주했다. 이는

140만 명이 시골로 이주했던 1980년대보다 훨씬 더 많은 숫자다. 그리고 이런 역 이주 현상의 증가율은 지난 수십 년간의 증가율 중 최고치를 기록했으며, 지금도 계속 증가추세를 보이고 있다.

우리가 시골로 이주한 후에 지내게 되는 곳은 흔히 낭만적인 농장이 아니라 그냥 농촌인 경우가 대부분이다. 그러나 우리는 그곳이 너무 시골 같지 않은 전원 같은 곳이기를 바란다. 땅을 일구며 살기 위해 되돌아가는 게 아니기 때문이다. 그보다는 오히려 우리의 삶에 어떤 짜임새와 매력, 자극을 되찾을 수 있는 곳을 찾기 위해 시골로 간다. 슈퍼하이웨이와 늘어선 쇼핑센터들의 무 감동스러운 단조로움을 벗어난 삶을 위해, 옛 땅을 다시 찾는 것이다. 그리고 이것은 시골로의 이주에만 국한된 것이 아니다. 그 반대 현상 역시 발생하고 있다. 도시행정가들은 시골에서 도시로 옮겨오는 사람들도 급격히 증가할 거라고 예상한다.

내 친구 중, 한 예술가 친구는 대도시에 살다가 한적한 고원으로 스튜디오를 옮겼다. 그는 그곳의 경관, 도보여행, 등반, 야생 동식물, 집 앞에 장대하게 펼쳐진 바다, 자연에서만 맛볼 수 있는 변화무쌍한 날씨 등에 열광하여 열변을 토한다. 또 한 친구는 도시 외곽의 전원에 살다가 시내 중심가에 위치한 오래된 건물로 이사했다. 그는 길들과 레스토랑들, 밤의 유흥, 네온사인, 밀집하여 살고 있는 다양한 사람들에 열광하여 열변을 토한다.

이 두 친구들이 각각 말하고 있는 것은 사실 알고 보면 정확히 같은 것이다. 그들 자신이 살던 환경과 일상 속에서 잃어버리고 있던 삶의 짜임새와 밀도에 대해 이야기하고 있는 것이기 때문이다. 물론 그들은 그만큼 위험을 무릅쓰고 있기도 하다. 그리고 두 사람 모두 몇 가지 편리함과 육체적으로 위안이 되는 것을 포기했다. 그러나 그들의 영혼을 달래 주는 위안만큼 필수적이고 중요한 건 아무 것도 없다. 그들은 자신들이 필요로 하는 것에 온 몸을 담그기 위해 편리함을 뒤로 하고 떠난 것이다.

103_ 연습이 없는 삶

최근 참석한 결혼식에서 신랑과 신부는 비디오 촬영에 온통 정신이 팔려 있었다. 카메라맨들은 비디오를 찍는 동안 결혼식장을 이리저리 누비고 다녔고, 사람들은 당연하다는 듯 전혀 신경을 쓰지 않았다. 그리고 모든 정성을 들여 제작된 그 '영화'는 관객들의 박수를 받기 위해 피로연에서 개봉되었다. 결국, 그 결혼행사는 비디오 촬영을 위한 무대에 지나지 않았던 것이다. 일생의 기념품이 될 한 편의 '영화'를 위한!

이것은 우리가 지금 어떻게 살고 있는가에 대한 은유다. 우리는 지금 행사를 녹화와 혼동하는 위기에 처해 있을 수도 있기 때문이다. 닐 개블러(Neal Gabler's)가 그의 책 『인생: 영화』에서 다룬 주제 역시 그것이다. 그는 우리가 점점 더 우리의 삶을 끊임없이 촬영되고 있는 한 편의 영화로 만들고 있는 것에 대해 쓰고 있다. 우리는 마샤 스튜어트(Martha Stewart)를 우리의 일상적인 '용모'를 만들어 주는 코디네이터로 만들고, 랄프 로렌(Ralph Lauren)을 우리의 의상 디자이너로 만들고 있다. 그리고 우리는 우리가 그것을 제대로 받아들였는지 확인하고 싶어 한다. 그러나 삶에는 연습이 없다는 것 역시 잘 알고 있다. 인생은 나중에 돌려 볼 수 있는 영화 녹화 테이프가 아니다. 모차르트는 피아노에 앉아 악상이 떠오르는 대로 새로운 곡들을 연주했지만, 한 번도 그 곡들을 받아 적게 한 적이 없었다고 한다. 어떤 이들은 그것을 "비극"이라고 말할 것이다. 그러나 나는 그것을 "경이로움"이라고 말하고 싶다.

104_ 수면 부족에서 깨어나라

한 조사에 의하면 미국인들 가운데 6300만 명이 수면부족 증세에 시달리고 있으며, 성인들 중 23%가 지난해에 운전 도중 졸았던 경험이 있다고 대답했다. 졸면서 운전하는 것은 음주 운전만큼이나 위험하다는 연구결과가 있다.

잠에서 깨어나라! 이것은 무시무시한 일이다. 특히 밤에 운전할 때는 조심해야 한다. 졸면서 운전하는 다른 차량들과 충돌하지 않도록 항상 눈을 크게 뜨고 있어야 하기 때문이다. 우리들 가운데 적어도 1/4이 차를 타고 교통 혼잡과 싸우고 있을 때가 하루 중 가장 편안한 때라고 생각한다고 한다. 이건 아주 놀라운 사실이다.

만일 우리가 낮 시간의 활동 중에 잠깐씩 졸음에 빠지지 않는다면 밤에 깊은 수면을 취할 수 있다. 그리고 적어도 우리는 공공의 안전에 크게 기여할 수 있다. 그렇다면 어떤 조치가 필요할까? 운전 중에 조는 것은 교통법규 위반이라고 법으로라도 제정해야 할까? 고속도로 순찰대가 눈꺼풀이 처져 있는 운전자의 졸음 여부를 확인하기 위해 실지 테스트라도 해야 할까? 아니면 운전 중에 졸았다는 이유로 교통법규 위반 스티커를 발부하고 그들의 졸음을 쫓기 위해 경찰서로 끌고 가야 할까?

어쨌든 수면 부족 증세가 우리의 고속도로에 그리고 그보다 훨씬 더 중요하게는 우리의 삶 자체에 심각한 위협이 된다는 사실은 큰 문제이다.

5장 기쁨

105_기쁨으로 춤추기

다윗은 전능하신 하나님 앞에서 속옷 바람으로 춤을 추었다. 이스라엘의 모든 백성들은 함성과 나팔 소리를 울리며 하나님의 언약궤를 메어왔다. 하나님의 언약궤가 다윗의 도시에 들어왔을 때, 사울의 딸 미칼은 창밖을 내다보다가 다윗 왕이 하나님 앞에서 펄쩍펄쩍 뛰며 춤추는 것을 보고 마음속으로 그를 경멸했다.

―「사무엘 6장 14~16절」

이스라엘의 왕 다윗이 하나님의 언약궤를 되찾아 예루살렘으로 가져왔을 때, 그는 너무 큰 기쁨에 차서 속옷 바람으로 백성들과 함께 춤추기 시작했다. 그것은 분명 경사스러운 일이었고, 잔치를 벌일 만한 일이었다. 그러나 다윗의 아내 미칼은 그가 왕답게 처신하지 못함에 화가 났다. 예의와 사회적 신분의 문제들은 그녀에게 있어 모든 것이었다. 가족 분쟁에 관한 이 성경 이야기에서 하나님은 다윗의 편에 선다. 하나님에게 있어, 기쁨으로 춤을 추는 것은 예의를 지키며 일하는 것보다 훨씬 더 중요하기 때문이다.

106_웃어야 할 때, 울어야 할 때

천하에 범사가 기한이 있고 모든 목적을 이룰 때가 있나니, 심을 때가 있고 심은 것을 뽑을 때가 있으며, 울 때가 있고 웃을 때가 있으며, 전쟁할 때가 있고 평화할 때가 있느니라.

―「전도서 3장 1~8절」

1862년, 남북전쟁이 맹위를 떨치던 당시, 아브라함 링컨은 국무회의를 열기 위해 각료들을 모두 불러들였다. 그러나 링컨은 유머작가 아테무스 워드(Artemus Ward)의 책을 그들에게 읽어줄 뿐, 다른 어떤 말도 하지 않았다. 그래서 링컨이 책을 읽으며 웃음을 터뜨리는 동안 각료들은 불만에 차서 묵묵히 앉아 있었다. 대통령은 그들이 웃지 않는다고 꾸짖었다. 링컨은 자신에게 계속적으로 불만을 토로하던 그들에게 지금 자기가 웃지 않는다면 실제로 죽을 것 같다고 설명했다. 그리고 나서 링컨은 자신의 모자 속에서 방금 작성한 종이 한 장을 꺼내 국무위원들에게 읽어 주었다. 그 서류가 바로, 남부 연합(1861~1865년에 미합중국에서 탈퇴한 남부 11주가 만든 국가)에서 노예제도를 폐지시키기 위한 노예해방 선언문 초안이었다. 웃어야 할 때가 있고 울어야 할 때가 있다. 전쟁의 시기가 있고 평화의 시기가 있다.

107_가족과 함께하는 즐거움

자연주의자이자 작가인 크레이그 차일스(Craig Childs)는 브리티시컬럼비아(캐나다 서부, 태평양 연안의 주) 연안에 있는 어느 섬의 깊은 숲 속에서 시트카 스프러스(Sitka Spruce: 북미 서부산 가문비나무속(屬)의 수목) 나무 꼭대기의 둥지 속에 있는 흰머리수리들을 관찰하면서 보낸 하루를 글로 옮겼다. 저녁 식사시간이 가까워 올 무렵, 야영지에서 이 독수리들 가운데 한 마리가 머리 위로 날아올랐다. 크레그는 독수리의 날개에서 떨어지는 깃털 하나를 보았다. 그리고 크레그는 "갑자기 하늘에 불이 붙은 것 같은 느낌이 들었다. 그래서 나는 그 최초의 불씨를 잡기 위해 있는 힘껏 달렸다."라는 문장으로 그 순간 자기가 느낀 감동을 묘사했다. 그는 자신이 방금 잡은 깃털을 손에 들고 바라보았다. "나는 손을 펼치고 마치 내가 비행과 야생 그 자체의 본질을 잡은 것처럼 움푹한 손바닥 안을 들여다보았다."

내 아내 조이는 크리스마스트리 장식품들을 수집한다. 고등학교 이후 그녀는 우리 집 트리에 걸 독특하고 눈에 띄는 물건들을 찾기 위해 상점들과 골동품 가게들, 카탈로그들과 진열대들을 이리저리 뒤지고 다녔다. 매년 크리스마스 시즌이 돌아오면 아내는 지하실에서 상자들을 들고 와서 조심스레 풀어놓고, 장식물들과 조명으로 트리를 장식하곤 한다. 아내는 그 일을 위해 항상 자신의 스케줄에서 며칠을 따로 할당해 놓는다.

모든 장식물마다 하나의 이야기가 깃들어 있다. 각각의 장식품은 어떤 공유된 추억이나 우리가 함께 해온 시간들 속에서 일어난 약간의 모험 또는 유쾌한 기억을 떠올리게 해준다. 장식품들 중에는 우리의 결혼기념일을 떠올리게 하는 것도 있고, 우리가 다닌 학교의 로고와 마스코트가 새겨진 것들도 있으며, 우리가 어린시절에 듣거나 본 크리스마스 이야기들과 아동용 영화들에 등장하는 캐릭터들도 있다. 그리고 손으로 직접 만든 노아의 방주 수집물 속에는 온갖 종류의 쌍을 이룬 동물들도 있다. 원주민 예술가들과 남부의 공예가들이 만든 장식품들도 있다. 우리가 옛날에 살던 집 주소들이 하나도 빠짐없이 적힌 장식품도 있고, 심지어는 우리가 키운 고양이들의 이름이 적혀 있는 것도 몇 개 있다. 조이의 장식품들은 유리, 찰흙, 나무, 은, 크리스털 등 온갖 재료들로 만들어진 것들이다. 그러나 아내는 주문 생산을 통해 간신히 구입할 수 있는 고가의 수집품이나 일괄적으로 조명

이 달려 있는 제품에 대해서는 그다지 탐탁치 않게 여긴다. 대신 아내는 뉴잉글랜드에서 사우스웨스트, 런던에서 하와이에 이르기까지, 우리가 갔었던 모든 곳들에서 아기자기한 장식품들을 구입했다. 나는 아내가 각각의 물건들을 적절한 장소에 배치하는 데 열중하는 모습을 지켜보는 것으로 그녀의 트리 장식 의식에 동참한다. 나에게 있어 그것은 손으로 직접 만든 크리스마스다. 왜냐하면 아내가 장식물들을 직접 만들어서가 아니라, 우리 가족이 모두 참여하여 그 장식물들을 직접 준비하고 매달며 함께 시간을 나누기 때문이다. 내 아내는 트리를 더욱 아름답고 멋있게 장식해 크리스마스 시즌에 우리 가족을 즐겁게 해주겠다는 일념으로 원하는 물건들을 찾기 위해 이리저리 돌아다닌다. 그리고 그 과정을 통해 자신의 즐거움을 주변에 퍼뜨린다. 그것은 아내가 자기 손으로 직접 만들어 우리에게 주는 선물이며, 해마다 우리가 기대하는 선물이기도 하다.

108_한가로움을 즐겨라

나는 내 차 안에서 아침식사를 한다. 차 안에서 시리얼을 먹으려면 나름대로의 요령이 필요한데 주로 교통신호등에 걸려 있는 틈을 이용한다.

– 스테파니 크루즈(Stephanie Crouse, 텍사스 주 엘파소의 통근자)

현대인들은 너무 경황없이 식사를 한다. 그래서 식사시간이 활력 회복의 원천이 되지 못한다. 서둘러 하는 아침식사는 흔히 최악이다. 나머지 식사들 역시 시간이 부족하기 때문에 고역이기는 마찬가지다. 외식을 할 때 느긋하게 식사를 즐기는 건 생각조차 할 수 없다. 웨이터들은 우리 일행들이 여전히 음식을 먹고 있는데도 접시들을 거둬 간다. 그래서 마지막 남은 파스타 몇 입을 꾸물대며 먹거나, 초콜릿 케이크를 음미하는 건 불가능하다. 시애틀에서 음식점 매니저로 일하는 내 친구의 말에 의하면 식당에 손님이 가득 찰 땐 사람을 초조하게 만드는 음악을 튼다고 한다. 그렇게 하면 손님들이 무의식적으로 서둘러 식사를 마치고 자리를 뜨게 되고, 그 자리에 다른 손님들을 받을 수 있기 때문이다.

이탈리아의 레스토랑에 가보라. 그곳에서는 저녁식사를 위한 테이블을 예약하면 저녁 시간 내내 그 테이블을 이용할 수 있는 경우가 대부분이다. 그래서 만일 당신이 급히 서두르는 것처럼 보이면, 웨이터는 더 많은 파스타를 가져오고, 포도주 한 잔을 새로 권하기까지 한다. 웨이터는 당신이 한 잔의 술이나 커피로 좋은 친구들과 한가롭게 저녁을 보낼 것이라고 예상한다. 결국, 한 잔의 음료는 그걸 즐길 여유가 없는 한 유쾌한 것이 못 된다. 식사 테이블에 두세 개의 의자를 놔둘 필요도 없다. 이탈리아 사람들은 식사는 급히 먹어 치우는 것이 아니라, 동시에 처리해야 할 여러 가지 일들 중 하나가 되어서도 안 된다는 것을 안다. 식사는 음미해야 하는 것이다. 식사시간은 생활에 있어서 정신과 육체에 새로운 활력을 주는 휴식이 되어야 한다.

6장 **공동체**

109_사랑으로 먹는 저녁식사

대다수의 미국 가정은 1주일에 5번 이상 가족과 함께 저녁식사를 하는 전통을 지키고 있다는 연구결과가 있다.

대학을 졸업한 첫 해에 나는 당뇨병 진단을 받았다. 나는 인슐린 주사약 투여법과 혈당 검사법을 배우기 위해 병원에서 하룻밤을 보냈다. 그리고 그 이튿날 당뇨병 치료를 위한 식이요법 관련 서적들을 구입했다. 아버지는 며칠간 나를 돕기 위해 내가 있는 곳으로 오셨다. 그 기간 동안 우리는 여러 가지 이야기를 나누었다. 그러나 2주일 후 내가 대학원을 잠시 쉬고 집으로 갔을 때만큼 가족으로서의 유대감을 느끼지는 못했다. 집으로 가는 도중 나는 내가 성장하면서 누렸던 즐거움들 중 한 가지를 떠올렸다. 그것은 어머니가 만들어 주신 요리로(내가 자랄 때 우리 가족은 매일 아침 함께 앉아 아침식사를 했다) 달걀, 베이컨, 옥수수, 그리고 비스킷이나 팬케이크 등으로 이루어진 저녁식사로는 격식을 제대로 갖춘 것이었다. 우리는 함께 모여 감사기도를 드리고 난 후, 냄비구이 쇠고기나 찜 냄비 요리나 구운 햄, 또는 내가 정말로 좋아하는 프라이드치킨을 맛있게 먹기 시작했다. 디저트는 파이와 아이스크림 또는 캐러멜 케이크였다. 아침식사건 점심식사건 언제나 풍성하고 맛이 있어서 가족들 중 누구도 식사시간을 놓치고 싶어 하지 않았다. 그래서 우리는 한 가족으로서 항상 접촉할 수 있었다. 그러나 당뇨병 진단을 받은 지금, 식이요법을 해야 하는 나 때문에 우리의 식사시간이 과연 어떨지 의문스러웠다.

집으로 돌아온 나는 아버지와 함께 내가 먹을 수 있는 음식들을 사기 위해 식료품점에 갔다. 그리고 사 온 음식재료들을 가지고 어머니는 나의 식이요법에 특별히 맞추어 신중하게 음식을 장만하셨다. 완성된 음식은 물론 내가 기억하는 프라이드치킨과 캐러멜 케이크가 아니었다. 아니, 그 음식들은 그것들보다 훨씬 더 훌륭했다. 사실상 이제까지 내가 먹어 본 것 중 최고의 음식이었다. 그날 밤 저녁식사에서 나는 내 어머니가 그 모든 세월 동안 만드신 음식들이 오직 우리를 위해 특별히 신경 써서 만든 음식이었다는 사실을 처음으로 깨달았다. 어머니는 단순히 우리들을 먹이신 것이 아니라 우리들에게 영양분을 주셨던 것이다. 어머니는 음식점을 운영한 것이 아니라 가정을 운영하셨던 거였다. 음식은 맛이 아니라 사랑이었다. 어머니는 자신이 할 수 있

는 한, 그리고 자신이 방법을 알고 있는 만큼 우리를 잘 먹이셨
다. 그리고 이제 어머니는 나를 위해서 다시 처음에서부터 출발
하여 음식 만드는 법을 완전히 다시 배우려 하셨다. 그것보다 더
좋은 음식이 어디 있겠는가? 우리의 식사에서 주 메뉴는 항상 우
리 가족의 사랑이었다. 그리고 한 편으로는 어떤 맛과 영양분의
섭취와 더불어서. 비록 내 당뇨병 때문에 맛과 영양의 내용은 이
전과 많이 달라졌지만 여전히 주 메뉴는 이전과 똑같았다. 그리
고 그것은 정말로 맛있었다.

110_공동체 속에서의 행복

리사 버크만 박사는 9년 동안 7000명을 추적하여 사회적 교류가 드물
거나 아예 없는 사람들은 그렇지 않은 사람들에 비해 사망할 확률이 3배
나 높다는 사실을 밝혀냈다.

집밖으로 나가서 이웃과 어울려라. 거기서 당신은 보다 새롭
고 의미 있는 출발을 할 수 있다. 사실상 많은 사람들 속에 있는
것이 더욱 안전하다. 혼자서 살아갈 수 있다고. 혼자서 살아가도
많은 사람들과 함께 인생행로를 가는 사람들만큼 오래 살 수 있
다고 생각하지 말라. 물론 이 군중들은 단순히 익명의 군중들이

아니라 당신이 자양분과 관심을 발견할 수 있는 친구와 친척들의 그룹이다. 우리는 타인들과의 교류와 상호작용을 통해 활기를 띠고 생기를 얻는다. 그리고 그들의 활력이 넘칠 때 우리는 계속 나아갈 수 있다.

우리가 많은 새롭고 흥미로운 방식들로 다시 연결되기 시작한다는 것은 놀랄 일이 아니다. 몇몇 출판사들이 현재 북클럽에 대한 저작권 침해를 법원에 상정하고 있을 정도로 북클럽들은 붐을 일으키고 있다. 라디오 토크쇼가 채널마다 야단들이다. 인터넷은 실시간으로 대화가 가능한 메신저와 채팅 방과 웹링(동일한 주제를 갖는 홈페이지를 서로 연결시킴으로써 네티즌들에게 유용한 정보를 제공하는 인터넷 사이트 집합)들을 통해 광속으로 서로를 연결시켜 준다. 로드레이서(Roadracers)들은 이제 소위 '펭귄 군단'이라 불리는 보행자들(한 개인을 최고로 올려놓기보다는 동료의식과 축하의식을 위해 함께 걷는 사람들)에게 공간을 내주기 위해 옆으로 물러서야 한다. 음악가들은 순회공연 스케줄에 홈 콘서트를 추가시키고 있다. 팬들이 자기 집 거실을 개인적인 행사장으로 만들어 놓고 음악가와 팬들 사이의 특별한 만남을 위해 제한된 수의 티켓을 파는 형태의 콘서트가 성행하고 있기 때문이다. 자신들의 체험을 시 낭송으로 재연하는 단체들도 있다. 성인교육 프로그램을 지원하는 후원그룹들에서부터 간이식당들에 이르기까지, 우리는 사람들과의 접촉과 연결을 추구하고 있다.

우리는 우리의 개인성과 개성 역시 원한다. 자유와 특권들은 너무 많이 누려 왔다. 그러므로 현재 우리가 추구하는 것과 우리가 떼를 지어 몰려들고 있는 곳은 우리의 자유를 고양시킬 수 있는 곳이 아니라 자유를 수용할 수 있는 공동체들이다. 이러한 역설적인 혼합은 우리의 연합체와 단체 교류를 위한 새로운 형태의 공동체이며 새로운 요구이다. 이 새로운 형태의 공동체는 그룹의 집단적인 힘을 통해 개인들에게 권리를 부여하며 개인의 독립성을 장려하고 자주적인 결정을 용이하게 하는 동시에 개인의 건강과 전체적인 행복을 더욱 강화하는 그룹 교류 속에 우리를 흡수한다. 우리가 우리의 개인적인 관심사들을 최대화할 때 우리는 또한 우리 최고의 관심사인 그룹과의 교류를 얻을 수 있다.

111_열정을 회복시키는 스포츠

얀켈로비치 여론조사에 의하면 미국인의 40%가 스포츠에 열광하고 있다. 즉 그들은 스포츠에 직접 참여하여 자기 자신을 표현하거나 스포츠 관람을 통해 만족감을 얻는다.

얀켈로비치가 실시한 여론조사에 의하면 스포츠에 열광하는 사람들은 나머지 60%에 비해 영화와 비디오를 보고, 친구들을 만나고, 게임을 하고, 파티를 열고, 사람들과 함께 어울려 휴식하는 횟수가 더 많다고 한다. 또한 그들은 휴가 동안 새롭고 다양한 장소들과 할 일들을 찾기가 더 쉬우며 친구들과 함께 시간을 보내고 싶어 하고 새로운 것들을 배우고 싶어 하며 자신들의 모험심을 충족시키고자 하는 경향이 훨씬 더 높다. 스포츠를 즐기는 것은 말할 필요도 없다.

어떤 이들은 스포츠는 시간낭비라고 생각한다. 특히 적극적인 참가자가 아닌 경우에는 더욱 그렇다. 그러나 그런 견해들은 스포츠의 가치는 단지 육체적인 것이며 지성이 결여된 도피 수단에 불과하다는 인식의 결과이다. 그러나 또 어떤 이들은 스포츠에 대해 더 잘 알고 있다. 스포츠 행사는 공동체를 만들고, 팬들과 참가자들에게 모험심을 심어 준다. 그리고 그 모험심은 경기장 너머까지 확장된다. 한 팀을 응원하는 것은 그만한 가치가 있다. 그것은 우리의 열정을 회복시켜 인생에 적극적으로 참여하도록 도와주며, 우리가 함께 뛰는 선수들(우리 주변의 사람들)과 유대 관계를 갖게 해준다.

112_친구들을 위한 시간

우리는 친구들을 대단히 소중하게 생각한다. 그러나 우리가 친구들과 보내는 시간은 이전에 비해 훨씬 줄어들었다. 우리의 스케줄에서 시간을 허락할 만한 중요한 것은 일과 가족이 유일한 것인 듯 보인다. 증가되고 있는 여행, 더 많아진 오락 선택의 폭, 그리고 현실에서 도피할 더 많은 기회들과 더불어 친구들이 우리에게 가져다주는 즐거움은 우리의 삶에서 점점 더 사라지고 있다.

전체 미국인들 중 절반 이상이 자신들의 공동체나 이웃 사람들과 더 많은 유대관계를 갖기 원한다. 이는 친구를 사귀고 친구가 되려는 갈망이다. 여성들은 대체로 남성들에 비해 우정을 더 잘 지속시켜 나간다. 그러나 우리 모두 오늘날에는 우정을 지켜 나가기가 예전에 비해 많이 힘들다는 것을 깨닫고 있다.

지난 가을 내 아내와 나는 비즈니스 회의를 위해 내쉬빌에 갔다. 우리는 곧장 집으로 돌아오는 대신 이틀을 더 연장하여 우리가 전에 살았던 켄터키 주의 볼링 그린으로 갔다. 나는 아내에게 옛 친구들을 만나게 해주고 싶었다. 존과 에밀리 퍼킨스 부부는 내가 최초로 구입한 집의 옛 주인들이다. 그들은 내 딸들에게 할아버지 할머니 노릇을 해주었었다. 우리 가족은 찰스와 도나 부시 부부와 함께 1주일에 한 번씩 함께 식사했었다. 어빈과 코리 보스 부부는 교회와 직장에서 친하게 지내던 친구들이다. 그러나 나는 시간이 없다는 핑계로 10년이 넘게 그들을 만나지 못하고 있었다.

얀켈로비치 여론조사에 따르면 미국인의 65%가 자신들의 옛 친구들에게서 진정한 공동체 의식이나 소속감을 느낀다고 말한다. 그리고 68%는 인생관과 가치관이 자신들과 비슷한 사람들을 더 많이 만날 진정한 필요를 느낀다고 한다. 나도 경험을 통해 전적으로 공감하는 이야기다. 의학계의 사람들은 강한 우정이 스트레스를 줄이고 건강을 향상시킨다고 보고하면서 그런 욕구를 두둔하고 있다. 나의 '고향' 여행은 친구들이 얼마나 소중한가를 다시 한 번 상기시켜 주었다. 인생은 공동체 속에서 가장 아름답게 빛을 발한다.

113_세상과의 연결고리

장기간에 걸쳐 전국적으로 실시한 청소년 건강에 관한 연구에 의하면 학교에서의 소속감과 가정에서의 유대감이 아이들의 행복에 있어 가장 중요한 두 가지 조건인 것으로 나타났다. 그리고 그 핵심은 어떤 특별한 프로그램이나 일련의 활동들이 아니라 타인들과 연결되어 있다는 인식 그 자체에 있었다.

나는 대학에서 힘든 1학년을 보냈다. 생전 처음으로 자기수양에 매달렸으나 그다지 좋은 성과는 거두지 못했다. 게다가 나는 친구들을 쉽게 사귀지 못했다. 나는 내가 사귄 몇몇 친구들과 함께 1970년대 초반에 만연해 있던 캠퍼스 내의 무의미한 흥청거림에 기꺼이 동참했다. 하지만 그 무엇보다도 나는 토론 팀에서 적극적으로 활동했다. 그것은 날마다 도서관에서 밤을 지새우고 한 달에 두 세 번씩 논쟁을 위해 다른 학교로 원정을 다녔다는 걸 의미한다.

토론 팀에 들어가서 얼마 지나지 않아, 나는 내 자신이 상대방과 맞서서 이길 확률이 너무 희박하다는 사실을 깨달았다. 그래서 나는 토론 팀을 떠나기로 결심했다. 내 파트너는 몹시 화가 났다. 팀의 다른 사람들은 그보다는 좀 덜 했지만 그 해 팀을 지도하던 대학원생 조교를 제외하고는 모두들 나의 결정을 비난했다. 그리고 조교와 나는 어느 날 밤 2시간 동안이나 내가 캠퍼스에서 얼마나 소외감을 느끼는지에 관해 이야기를 나누었다. 우리의 대화가 서서히 끝나 갈 무렵 그는 내게 팀에 그대로 남으라고 권했다. 그러나 자기가 그렇게 권하는 건 반드시 토론 때문이 아니라 다른 이유 때문이라고 했다. 오랜 역사와 전통을 지니고 있는 토론 서클은 캠퍼스에서 내가 소속감을 느낄 수 있는 한 장소를 제공해줄 것이라고 그는 말했다. 그곳은 내가 매일 드나들 수 있는 장소가 될 것이고, 내가 뭔가의 일부분이라고 느낄 수 있는 장소, 나를 뭔가에 연결시켜 줄 수 있는 장소가 될 거라는 거였다. 그것은 정확히 내가 찾던 것이었다. 그러나 그 당시 나는 토론이라는 건 '머물러 있기 위한 공간'이 아니라 '해야 할 일'로만 생각했다. 그 조교의 말을 듣고서야 나는 토론을 통해 내 자신을 연결시키는 법을 알게 되었다. 그래서 나는 팀에 계속 남았다.

토론 팀의 서클 실은 내게 있어 제2의 집이 되었다. 나는 분명히 토론 팀에서 두각을 드러낼 수 있는 존재도 아니었고, 내 스스로 토론의 세계에 열중하지도 못했다. 그러나 내가 대학에 다니는 동안 내가 갈 곳, 나를 이끌어 줄 무엇, 나를 연결시켜 줄 장소가 있었다. 토론 팀 없이 대학생활을 보냈더라면 나는 그만큼 대학생활을 잘 해낼 수 없었을 것이다. 나는 그게 사소한 것처럼 보인다는 걸 안다. 그러나 진정한 토론은 보다 더 큰 범주, 즉 세계 속에 있다.

나는 우리의 아이들에게 자신이 세상과 연결되어 있다는 느낌, 즉 소속감을 가질 수 있도록 해주어야 한다고 생각했다. 나는 그것을 내 자신의 경험을 통해 체득했으며 거기에는 논의의 여지가 없다. 집에서 학교로 손을 뻗어라. 우리의 자녀들이 떠내려가서 고립되고 목적 없이 방황하게 하지 않는 것이 중요하다. 우리는 자녀들을 어떤 고리(그것이 어떤 고리든) 속에 붙들어 두어야 한다. 그것은 그 밖의 어떤 것보다도 아이들에게 성장하고 배우고 성공하기 위해 노력할 기회를 준다.

114_오래된 무덤에서 배우는 삶의 균형

취미들은 이제 마니아가 되어야 한다는 강박감에 굴복해 버린 듯하다. 그리고 레크리에이션들은 최근의 가장 부각되고 있는 유행들과 뉴스들에 뒤지지 않기 위한 하나의 의무가 되어 버렸다. 취미라는 것이 반드시 사람들 앞에서 공연을 하고, 대화 과정에서 자신이 그 분야에서 정통하다는 걸 증명해 보이고, 취미를 통해 자신의 역할을 배우고, 자신의 목적을 달성해야 하는 것이라고 생각한다면 우리의 취미들은 하나의 숙제가 되고 만다.

나는 돌보는 사람 없이 방치된 오래된 무덤 주변을 돌아다니는 걸 좋아한다. 그 중 어떤 무덤들은 오래된 교회 옆에서 금방이라도 쓰러질 것 같은 묘비들 아래 누워 있고, 또 어떤 것들은 시골의 아스팔트 바로 옆에 높이 자라난 수풀 뒤에 가려져 있다. 그런데 그 오래된 묘지들에는 언제나 최근에 세워진 묘비들이 비바람에 풍화된 다른 기념비들 속에 반들반들하게 닦여 빛을 내면서 우뚝 서서 사람의 시선을 끈다. 나는 사실상 오래된 묘비들을 더 좋아한다. 오래된 묘비들은 세월의 풍파에 휩쓸려 거기에 새겨 넣은 내용들을 판독하기 어려울 때가 많지만 모든 묘비마다 망자에 대한 사랑과 존경을 담은 내용들이 담겨져 있다. 오래된 묘비들에는 더할 나위 없이 아름다운 장면들이 대단히 정교하게 새겨져 있다. 저택의 정면들과 공공건물들, 아이들과 천사들을 묘사한 카메오 조각들(보석조가비 등에 새기는 양각), 간혹 병사나 성자의 작은 조상(彫像)까지. 이 오래된 묘비들 대부분은 묘지의 작은 구석에서 한 가족의 내력을 전해주고 있다. 물론 완전한 스토리는 결코 없다. 그러나 대략적인 개요를 통해 그 스토리는 짐작할 수 있다. 그리고 때때로 아직까지도 이야기가 끝나지 않은 것들도 있다. 나는 그것을 세대를 초월한 대화라고 생각한다. 그리고 나는 그들 가족의 사유의 변증과정이 세월과 함께 후세대에 어떻게 전달되어 왔는지 그 조상들이 안다면 어떤 생각들을 할까, 상상해 보곤 한다.

여러분은 이게 나의 괴팍한 취미라고 생각할지도 모른다. 하지만 취미이건 아니건 그것이 나를 사로잡는 것만큼은 분명하다. 나는 틈이 날 때면 자주 오래된 묘지들을 찾는다. 그리고 그것은 나로 하여금 삶과 일을 전체적인 전망으로 바라보면서 올바른 균형을 유지할 수 있게 도와준다. 이 오래된 묘지들에서 묘비들은 어둠을 향해 몸을 기울이면서 가라앉는다. 그래서 조용한 묘지에 서 있을 때면 우리가 매일 매순간 타인의 관심을 끌기 위해 경쟁하듯 떠들어대는 요란한 대화들은 단지 일시적인 기분전환에 지나지 않는다는 것을 다시 한 번 깨닫곤 한다. 그렇다고 일상에서의 잡담이 중요하지 않다는 말은 아니다. 사실상 우리의 즐거움과 웰빙은 지극히 중요하다. 그러나 정말로 중요한 것은 우리가 대화에서 과시할 수 있는 지식의 넓이가 아니라, 우리가 대화를 통해 가질 수 있는 타인과의 접촉의 깊이라는 사실을 자주 상기할 필요가 있다. 우리의 인생 스토리들은 주의 깊게 귀를 기울이고 생각하는 조용한 순간에 비로소 들릴 수 있는 보다 깊은 대화라는 사실, 바로 이것이 내가 오래된 묘지들로부터 얻는 교훈이다.

115_최고의 치료법

대체 의학이 의학계의 전면으로 부상하고 있다. 전국적인 여론조사에 의하면 미국인의 42%가 다양한 유형의 대체 의학을 이용하고 있다고 한다. 아마도 이런 현상의 한 가지 이유는 대체 의학을 시행하는 의료인들이 일반 의사들에 비해 환자들과 대화를 나누는 데 더 많은 시간을 보내기 때문일 것이다. 평균적으로 1회 왕진 당 30분, 또는 일반 의사들보다 4배 이상.

우리를 괴롭히는 병을 치료하기 위한 의술에는 아주 많은 것이 있다. 현대는 생명과학의 황금시대다. 우리는 과거 어느 때보다 더 오래, 더 건강하게 살고 있다. 그리고 우리는 자신을 위해 더 많은 걸 선택할 수도 있다. 많은 형태의 치료법이 개발되어 있기 때문이다. 그리고 최고의 치료제는 여전히 우리를 미소 짓게 만드는 밝은 웃음과 따뜻한 포옹이다.

과학이 과학적인 것을 인간적인 것보다 우선한다고 과학을 심하게 비난하는 것은 어리석은 일이다. 바로 그것이 과학이 하는 일이기 때문이다. 변수들을 산출해내고, 테스트를 비교 분석하고, 불순한 요인들을 제거하고, 예상할 수 있는 결과들을 분석하여 표본을 만들고, 실험 대상들과 감정적인 거리를 유지하고, 항상 회의적인 시각을 잃지 않으며, 표면상의 가치를 그대로 받아들이지 않는 것 등. 우리는 이전보다 더 오래, 더 건강하게 살고 있다. 이는 의사들이 과학적인 방법을 실제적으로 적용하고 있기 때문이다.

우리는 한 실험에서 실험 대상이 아닌 인간으로서, 비정하리만큼 실제적인 치료에 인간적인 교류가 함께 하기를 원한다. 우리는 우리에게 정말로 유익한 것이라고 과학이 입증한 것들을 필요로 하는 만큼, 우리를 기분 좋게 해주는 것들 역시 필요로 한다. 아니, 우리는 인간적인 교류를 점점 더 많이 추구한다. 그래서 정말로 이 시대를 황금시대로 만드는 것은 우리가 서로에게서 벗어나기를 원하지 않는 것에 있다. 과학에 인간적 접촉이 불충분할 때, 또는 반대로 인간적 접촉에 과학이 불충분할 때, 우리는 그 둘을 함께 결합시킬 수 있다. 우리가 살고 있는 이 시대에 있어서 정말로 놀라운 것은 바로 이것이다. 완전한 웰빙의 직물을 짜기 위한 우리 시대의 이 전례 없는 기회. 사실상, 잘 사는 것에 대한 책임은 우리와 의사들이 함께 공유해야 한다. 치료는 우리가 삼키는 알약들이 아니라 우리가 만드는 모든 것들에서 비롯된다.

116_나눔의 진정한 의미

얀켈로비치 여론조사에서 미국인의 74%가 "내가 현재 많은 사람들과 많은 관계를 가지고 있다 하더라도, 진정한 감동과 유쾌한 기분을 다른 사람들과 나눌 기회가 더 많이 주어지기를 바라고 있다."라고 하는데 동의했다.

미국문화의 많은 전통 가운데 'Give-Away' 라는 것이 있다. 이는 누군가가 대단한 성공을 거두었을 때, 상이나 타인들의 축하를 받기보다 오히려 그 자신이 자기 주변 사람들에게 감사의 선물을 나누어준 것에서 유래했다(선물은 그 사람이 가진 모든 것을 의미할 수도 있었다). 이 Give-Away 전통은 중서부에 있는 어느 소도시의 농구 시합 시상식에서 여전히 이어지고 있다. 농구 시합에서 우승한 팀은 트로피를 받는 게 아니라 팀의 각 선수들이 자기 가족 중 누군가가 손으로 직접 만든 퀼트를 자신들을 격려

하여 이길 수 있도록 이끌어 준 사람에게 선물한다. 그리고 이 행사는 농구 시합 폐막식 때 행해지며 부모, 선생님들, 친구들, 친척들에게 영예가 주어진다. 영예를 안은 사람들은 퀼트를 선물 받고 난 후 어깨에 퀼트를 두르고 경기장을 돌며 춤을 춘다.

혼자 고립된 채 일하는 것으로는 충분하지 않다. 놀이할 시간을 갖는 것만으로는 충분하지 않다. 경쟁에서 이기는 것만으로는 충분하지 않다. 공동체 의식이 없이는, 함께 일하는 동료들과 선수들이 없이는, 그리고 우리를 길러 준 사람들과의 연결이 없이는 우리는 불완전한 존재다.

7장 **충족**

117_균형의 미덕

얀켈로비치가 실시한 전국을 대상으로 한 여론조사에서 미국인의 73%
가 만일 선택권이 주어진다면 자기 집에서 임종의 순간을 맞이하고 싶
다고 대답했다. 그렇지만 현실적으로는 미국인의 75%가 의료시설에서
사망한다.

치료와 간호는 양자택일의 문제일까? 훌륭한 치료는 결코 훌
륭한 간호와 병행될 수 없는 걸까? 이 둘 모두는 인간의 생명을
위해 존재한다. 치료는 인간의 생명을 구하고, 간호는 인간을 보
다 편안하게 해준다. 그리고 우리는 이 두 가지 모두를 원한다.
따라서 만일 우리가 받은 치료가 거의 효과가 없다는 것이 판명
되면 우리는 진심으로 아파한다. 왜냐하면 그럴 경우 우리가 위
안과 간호가 부족해서 겪어야 했던 고통을 감소시켜 줄 것이 아
무것도 없기 때문이다. 게다가 집에서 임종을 맞이하고 싶다는

소망을 가지고 있음에도 불구하고 병원에서 죽을 수밖에 없을 때 그 쓰라림은 말로 표현하기 어렵다.

간호와 치료 사이의 선택은 너무도 어려울 뿐만 아니라 잘못된 이항대립이다. 그래서 여기에는 제3의 선택사항이 필요하다. 훌륭한 치료를 받으면서 그와 동시에 훌륭한 간호를 받는 것이 그것이다. 즉 이것이 가능하다면 아마 집에서 죽는 대신 병원에서 죽는 것에 관한 심란한 통계자료들이 나오지 않게 될지도 모른다. 진정한 해답은 균형이다. 치료는 반드시 정성스런 간호와 병행되어야 한다. 일과 생활을 포함해서 그 밖의 모든 것에 있어서도 마찬가지다.

양자택일은 가능한 선택들을 제기할 때 흔히 사용하는 방법이긴 하지만 일과 생활에 있어 양자택일은 없다. 양자택일적인 사고방식은 일로 보낸 시간과 생활로 보낸 시간에 있어서 혹시 잘못된 선택을 한 게 아닐까 걱정하게 만든다.

일은 우리가 살아가는 인생에서 없어서는 안 될 부분이다. 그러나 사실상 우리가 일하지 않고 어떻게 살 수 있을까? 우리의 문제는 일이냐 삶이냐가 아니다. 일하지 않는 삶은 없다. 그릇된 선택의 함정 역시 없다. 오히려 우리가 해볼 만한 시도는 가능한 한 생활의 많은 부분을 일에 불어넣고, 일을 생활 속에 배어들게 하는 것이다. 이 목표는 성취 가능한 야심이며 보다 이치에 맞고 실행가능한 해결책이다.

118_ 상상력이 가져다 준 축복

어린아이들이 점점 상상력을 포기해가고 있다.

− 엘리자베스 스웰(Elizabeth Sewell)

오늘날 아동들의 일정은 어른들의 일정보다 더 빡빡한 경우가 많다. 월요일에는 방과 후 축구연습, 화요일에는 발레, 수요일에는 교회 청소년부 활동, 목요일에는 바이올린 교습, 수학 과외는 말할 필요도 없다. 이제 더 이상 야구에 대해 말할 시간도 없다. 그래서 우리는 야구공과 글러브를 차고에 처박아 놓는다. 이제 더 이상 뒷마당에서 연극을 하거나 상상의 세계를 창조할 시간이 없다. 아이들이 어떻게 하면 이 세상을 더 나은 곳으로 만들 수 있을지 상상할 여유가 거의 없다는 건 분명한 사실이다.

영화 <아름다운 세상을 위하여Pay it forward>는 어느 날 한 교사가 초등학교 5학년 학급 아이들에게 이 세상을 변화시킬 수 있는 아이디어를 생각해 내고 그것을 현실에 적용시켜 보라는 숙제를 내주면서 시작된다. 교사는 실제로 그다지 큰 기대를 하지 않는다. 그러나 그의 학생들 중 한 명인 트레버 매킨리는 그 숙제를 아주 진지하게 받아들인다. 그리고 아이는 '도움을 되돌려 주기' 라는 방법을 생각해 낸다. 그것은 누군가가 자기 혼자서는 문제를 해결할 수 없을 때 그 문제를 해결할 수 있도록 도와준 다음 그 사람에게 앞으로 또 다른 세 명의 사람에게 그런 식으로 도움을 주는 것으로 그 빚을 갚으라고 요구하는 것이다. 이런 식으로 해 나가다 보면 도움의 손길이 가속적으로 증가하게 될 거라는 것이었다. 우리의 예상대로 트레버가 자신의 계획을 실행할 때 여러 가지 골치 아픈 문제들이 일어난다. 그러나 이 소년의 상상력은 마침내 그 자신의 가정뿐만 아니라 미국 전역에 파문을 일으키며 사람들을 감동의 물결에 휩싸이게 만든다. 이 영화는 현대의 라스베가스를 배경으로 하고 있지만 우화적인 의미를 지니고 있다. 불과 2시간 동안이긴 하지만 이 영화는 우리로 하여금 우리의 냉소주의를 멈추고 선(善)이 지닌 감동적인 힘을 체험하게 한다. 이 영화는 많은 영화 팬들에게 감동을 안겨 준다. 영화의 메시지가 마음속 깊이 진실되게 울려 퍼지기 때문이다. 트레버는 보다 나은 방법을 상상할 시간을 가짐으로써, 우리들에게 도움을 주었다.

119_돈보다 인생을 선택하라

한 여론조사에서 만일 자신에게 선택권이 있다면 시간과 돈 중 어느 것을 선택하겠느냐는 질문을 했다. 응답자들의 64%가 많은 돈보다는 많은 시간을 선택했다.

아, 내 인생의 시간들이여! 대학을 졸업한 후 여름, 내가 노스캐롤라이나에서 몬태나로 차를 몰아 내 여자친구(현재의 내 아내)를 만나러 갔던 그 시간들. 그녀는 당시 몬태나의 한 국립공원 호텔에서 일하고 있었다. 그녀는 내게 100달러와 차 열쇠를 보내왔고, 그래서 나는 거의 쉬지 않고 차를 몰아 나흘 만에 그곳에 도착했다. 처음으로 구경한 리바이스 앤 클락 주립대학, 캔자스의 탁 트인 평원들과의 최초의 만남, 와이오밍의 바람이 휘몰아치는 방목장, 그리고 몬태나의 광대한 하늘. 나는 가는 도중에 한 책방에서 A. R. 아몬스(A. R. Ammons's)의 시집을 발견했다. 그리고 그녀와 나는 약혼했다.

우리 부모님 집에서의 크리스마스, 해마다 크리스마스가 되면 우리 가족들은 모두 그곳에 모인다. 크리스마스를 다 함께 축하하기 위해서다. 어머니는 장식들과 선물들로 거실을 가득 채우고, 아버지는 격식을 갖춘 식당에서 풍요로운 저녁식사를 관장한다.

시간은 아주 편안한 느낌이다. 마치 우리 가족 모두가 여전히 그곳에서 살고 있는 것 같은 그리고 한 번도 그곳을 떠난 적이 없는 것 같은 느낌. 영원한 환대와 안정감, 근심걱정 없는 즐거운 기분. 또는, 내가 채플 힐(Chapel Hill)에 위치한 노스캐롤라이나 대학의 오래되고 장엄한 윌슨 도서관의 독서실에서 공부를 하며 보낸 저녁들, 모든 벽마다 빽빽하게 들어 차 있던 책, 아치형 천장, 달빛과 밤공기를 들여보내던 커다란 창문, 그곳에 앉아 있는 것만으로도 삼투작용에 의해 지식을 흡수할 수 있을 것 같은 기분이 드는 여러 세대의 학생들이 사용해 닳아서 반들거리는 나무 책상들. 내가 선더 리버(Thunder River)의 정상까지 하이킹을 해서 그랜드 캐년의 서프라이즈 밸리를 처음 맞닥뜨렸던 그 최초의 순간, 내 뒤를 돌아다보았을 때 타피트 앰파이시어터(Tapeats Amphitheater)의 절벽들이 형태와 빛깔과 음영의 웅장한 전망 속에 펼쳐져 있던, 내 마음의 눈에서 결코 잊을 수 없는 그 장엄한 경관. 몇 해 전 초가을 아내와 내가 해변에서 보낸 긴 주말. 우리는 있는 돈을 모두 긁어모아 조그만 콘도를 빌렸었다. 그리고 우리가 머물렀던 사흘간의 날씨는 완벽했다. 우리는 다시 10대로 돌아간 듯 사랑에 빠졌다.

시간은 너무도 천천히 흘러서 마치 우리가 영원을 살고 있는 것 같았다. 또는 아내와 내가 애완동물을 입양하기 위해 동물보호소로 가서 고양이 한 마리를 골랐던 그 날, 우리 밖으로 발을 내밀어 우리의 관심과 사랑을 갈구하고 발톱으로 내 스웨터를 잡던 생후 4개월 된 조그만 얼룩고양이.

내 인생의 시간들 그것은 내게 돈보다 더 많은 걸 의미한다. 돈으로는 결코 살 수 없는 시간들을. 그리고 나는 이런 시간들을 언제나 돈보다 위에 둔다.

120_ 자연의 선물

우리의 사소한 근심과 의심들을 굴복시키는 자연의 고요함 속에는 분명 무엇인가가 있다. 짙푸른 하늘의 광경, 그리고 무리지은 별들은 마음의 평정을 전해 준다.

– 조나단 에드워즈(*Jonathan Edwards, 1703~1758*)

"우린 왜 휴가 때마다 늘 똑같은 황혼을 찍는 거지?" 우리가 사진첩을 보고 있을 때 아내 캐시는 과장된 표정으로 물었다. 그녀는 이미 그 대답을 알고 있다. 나는 나의 덧없는 근심과 불안들이 자연이라는 전체적인 조망 속에 담겨진 그 순간을 사랑한다. 그리고 나는 '자연의 고요함'을 앞으로도 즐기기 위해 사진 속에 포착하려고 시도할 것이다.

나는 항상 일몰에 사로잡히곤 했다. 내가 소년이었을 때 우리 가족은 바다로 1주일간의 휴가를 떠났다. 어느 날 하루 종일 모래성을 쌓고 윈드서핑을 즐기고 난 후 우리 가족은 샤워를 하고 나서 서퍼들의 묘기를 구경하기 위해 자갈로 뒤덮인 근처의 해변으로 차를 몰았다. 가는 동안 해가 서서히 수면 위로 내려오고 있었다. 태양이 순환을 완성하는 것을 보았을 때, 이 세상 모든 것이 아름다워 보였다. 초등학교 사내아이에게 하늘은 한 마디 말도 없이 풍요로운 지식을 전해주고 있었다.

121_삶에 대한 경의

내가 해를 입을 정도로 사랑을 한다 해도 결국 거기에는 더 큰 사랑이
있을 뿐 해는 전혀 없다는 역설을 발견했다.

- 테레사 수녀(Mother Teresa, 1910~1997)

앨버트 슈바이처(Albert Schweitzer, 1875~1965)는 1952년에 노
벨 평화상을 수상했다. 음악가, 의사, 신학자, 과학자, 박애주의
자였던 슈바이처는 성인 시절의 대부분을 아프리카에서 살면서
그곳에 의료시설을 세우고 환자들을 돌봤다. 그는 인간은 누구
나 자신의 삶 중 한 부분은 타인을 위해 희생하면서 살아야 할 의
무가 있다고 믿었다. 슈바이처는 자신의 철학을 '삶에 대한 경
의'라는 문구로 요약했다.

우리 동시대의 예를 원한다면, 지미 카터(Jimmy Carter, 1924~)
와 그의 '사랑의 집짓기'의 후원자들 그리고 폴 뉴먼(Paul Newman,
1926~)과 샐러드 드레싱을 만드는 것으로 출발했던 그의 자선단체
또는 도시 아이들에게 자기가 경기하는 것을 보러 올 수 있게 엄청
난 수의 야구 경기 티켓을 기증한 데이브 윈필드(Dave Winfield),
아프가니스탄의 여성들을 돕기 위해 노력한 마바 르노(Marva
Leno), 인권문제를 위해 헌신한 엘리노어 루즈벨트(Eleanor
Roosevelt, 1884~1962), 핵무기 사용 반대투쟁을 계속 펼치고 있는

마틴 쉰(Martin Sheen)을 생각해보자. 인생은 우리 자신을 넘어선 보다 심원한 무언가를 가지고 있다.

에필로그

로버트의 말

  켄과 헬렌 쇼 부부가 어느 날 내게 샌프란시스코의 심리학 협회를 위해 '기도하는 기독교인'을 주제로 강연을 해달라고 부탁했다. 이 책의 편집 책임자인 로이 M. 칼리슬도 그 날 밤 그 강연장에 청중으로 참석해 있었다. 이후 그의 출판사 사장인 타마라 트라에더가 내게 출판을 제의하게 되었고, 나는 출판할 책에 대해 로이와 구체적인 협의를 하기 시작했다. 그리고 그런 연결을 통해 이 책이 탄생했다. 사실상 나는 타마라와 로이, 그리고 와일드캣 캐년 출판사 직원들뿐만 아니라 쇼 부부에게 큰 빚을 졌다.

  나의 첫(그리고 아마도 가장 잘 한) 결정은 워커 스미스에게 이 프로젝트에 동참해달라고 요청한 것이었다. 다양한 직업을 가진 사람들이 가족들과 함께 와서 자신의 삶에 대해 함께 이야기를 나누면서 서로에게서 배우는 '르네상스 위켄즈'라는 모임을 통해, 워커와 그의 아내 조이는 여러 해에 걸쳐 우리 부부와 친구로 지내 왔다. 동시대에 대한 심도 깊은 분석력과 백과사전적인 지식, 그리고 훌륭한 가치관과 신념들을 지닌 워커는 이 프로젝트에서 아주 소중한 역할을 해주었다. 전혀 다른 지리적 조건(애틀랜타와 로스앤젤레스)과 관심분야들(도서관을 연상시킬 만큼 어마어마한 워커의 음반과 시집 수집품. 영화와 스포츠에 대한 나의 열정)을 가진 두 친구는 우선 서로에게 도움이 되기 위해 글을 썼다. 만일 우리의 진심어린 우정이 이 책에 담겨 있다면, 독자들 또한 이 책에서 진실을 발견하게 될 것이라고 믿는다. 그러므로 이 책은 진실한 공동작업이며, 그것에 대해 나는 워커에게 감사한다.

끝으로, 나는 이 책에 실릴 내용들에 대해 내 아내 캐서린 바르조티와 많은 토론을 했다. 그리고 그 중 많은 부분들은 우리 부부가 직접 체험한 것들이다. 나의 딸 리즈와 마기 역시 허물없는 조언자 역할을 해주었다. 리즈와 마기는 최종적인 원고에 대해서는 비평을 하지 않았다. 그러나 그 아이들의 날카로운 지적으로 삭제된 부분들 덕분에 이 책이 더 나은 모습을 갖추게 되었다.

워커의 말

　나는 이 책의 공동저자인 로버트 존스턴에게 가장 큰 빚을 졌다. 내가 이 프로젝트에 하나의 역할을 맡을 수 있게 해준 그의 관대함, 그리고 글쓰기와 사고에 있어서 그가 보여주는 본보기는 늘 그래 왔던 것처럼 나를 감동시켰다. 나는 공동저자로서 책을 쓰게 되리라고는 한 번도 생각해본 적이 없었다. 사적인 생각들을 나누거나 공적인 활동들에 대한 깊은 자기반성을 고백하는 건 여느 때의 내 스타일이 아니다. 나는 내 내면의 감정이나 의견을 잘 드러내지 않는 편이다. 그러나 로버트가 어느 따뜻한 봄날 밤에 느닷없이 내게 전화를 걸어 이 책을 쓰는데 도움을 청해 왔다. 그리고 나는 즉각적으로 그러겠다고 대답해놓고 스스로도 놀랐다. 아마 나는 그 날 밤 우리 집 창문을 통해 떠돌던, 만물이 소생하는 기운 때문에 그 제의를 단번에 받아들였던 것 같다. 이 책을 쓰는 것이 내게는 일종의 소생이었기 때문이다. 일과 삶을 조화시키기 위한 나의 개인적인 투쟁을 써내려 가는 작업을 통해, 나는 마침내 내 삶에서 너무 빡빡했던 한 시기를 쉬게 할 수 있었다. 로버트가 내게 이 책을 함께 쓸 기회를 준 것은 크나큰 선물이었다. 그것에 대한 고마움은 말로는 표현할 길이 없다. 그의 아내인 캐시 바르조티에게도 역시 감사드린다. 그녀는 시기에 알맞게 나의 초고에 너무도 값진 격려와 조언을 해주었다.

로이 M. 칼리슬에게 진심어린 감사를 드린다. 그가 보여준 나에 대한 신뢰는 전염성이 강한 것이었다. 그는 충고와 지도, 후원 그리고 정신적 관대함으로 내가 계속 작업에 몰두할 수 있도록 해주었으며 지속적인 자극과 격려 또한 아끼지 않았다. 물론, 타마라 트라에더의 독창적인 아이디어가 없었더라면 이 책은 빛을 보지 못했을 것이다. 그녀는 고맙게도 이 프로젝트에 두 팔을 벌려 나를 환영해 주었고, 내가 이 책에 뭔가 기여할 게 있다는 증거를 제시하기도 전에 무조건적으로 나를 믿어 주었다. 캐롤 브라운과 그녀의 동료 팻시 배리쉬의 지칠줄 모르는 작업은 나의 엉뚱한 생각들을 보다 훌륭한 것으로 만들어 이 책이 서점 가에서 호응을 얻을 수 있도록 해주었다. 진 블롬퀴스트의 신중한 편집은 나의 빈약한 문법과 주제가 모호했던 부분들에 통일성을 부여해 주었다. 책이 출판되기까지 지속적인 후원과 도움을 준 와일드캣 캐년 출판사의 모든 분들에게 감사한다. 그 중에서도 특히 레이자 야들리는 모든 것들이 도를 벗어나지 않도록 해주었고, 래리사 베리는 나의 판독하기 어려운 원고를 인내심을 가지고 교정해 주었으며, 메리 베스 살몬은 멋진 표지를 디자인해주었다. 내 가족들은 처음부터 끝까지 무조건적으로 나를 지원해주었다. 내 아내 조이, 얼룩고양이 프레드, 내 부모님 잭과 시스, 그리고 내 누이 마조리와 여동생 도로시에게 감사한다.

나의 주기적인 침울함과 불평에도 불구하고, 얀켈로비치 사의 내 동료들은 충실하게 나를 이해해주고 후원을 아끼지 않았다. 특히 마크, 카렌, 마가렛, 크리스틴은 아주 오랜 시간 나와 함께 일하고 생활했다. 내 친구들이자 'WAND' 파트너스사의 직장 동료인 브루스, 데이빗, 존은 내가 이 기획을 수행할 수 있게 허락해 주었다. 나의 좋은 벗들인 스티브와 맥스에게도 감사한다. 그들은 나에게 삶의 조화를 유지하는 것에 관해 많은 중요한 것들을 가르쳐주었다.

나는 신에 의해 나에게 주어진 일과 삶에서 여러 기회와 행운을 가지는 축복을 받았다. 신에게, 그 밖의 모든 것에 대해 무한한 감사를 드린다.

일에 지친 삶을 변화시키는

휴식의 기술

지은이   로버트 K. 존스턴 · J. 워커 스미스
옮긴이   윤미연

1판 1쇄 인쇄   2004. 8. 28
1판 1쇄 발행   2004. 9. 3

펴낸곳   도서출판 황금비늘
펴낸이   배시병

기획   송성호
편집   손지연
표지디자인   디자인캠프 최승협
본문디자인   디자인캠프 고예정
인쇄 · 제본   미르인쇄

등록번호   109-90-82197
등록일자   2003. 11. 1

주소   서울특별시 강서구 가양3동 1488-6 청원빌딩 5층
전화   02-2659-8772~3
팩스   02-3663-7118
e-mail   hgbn2003@hanmail.net

값 10000원
ISBN 89-91013-03-1 13320